スケッチで学ぶ建築文化史

透視図から近現代建築の保存再生まで

渡邉研司 著

理工図書

Contents

Lecture1

Lecture2/3/4

Lecture5/6/7

Lecture8/9

Lecture10/11

Lecture12/13/14

Lecture1

博多祇園山笠

1986 年、日本大学大学院時代に友人と連名で提出したホクストン装飾コンペ（テーマ
はシティ・ゲート）の佳作入選案。出身地の博多祇園山笠を取り上げ、祭りの中日、
集団山見せが博多と福岡の境界である那珂川の中洲を越える瞬間に、街が一体となる
ゲートのイメージを描いた。一枚の絵ですべての考えを伝えることを意識した。

「猿の児が木登を習うようにわたくしは青年時代に"もよう"を描くことを習ったのであった。ジャン・ジャック・ルソーが楽譜をかくことを習ったようにとでもいっていいかしれない。エジプトから、ギリシア・ローマ、中世、バロック・ロココなどを、くりかえし、くりかえし、かいたものだった。おかげで、"もよう"かくのには苦労がない。黒板に描く絵などを、うらやましそうに、ただ眺めていっている学生などもおるが、そんなときは、わたくし自身もたのしいときだ」（今和次郎）

「諸君の旅行に常に持ち歩くべき画帳にそれらを描き、暇があれば常に諸君の目や手を動かす必要がある。形態（form）をスケッチするのに最上の学習は人体である。なぜならばその比例関係（proportion）は最も美しく、その輪郭は自然に存在する形態中最も精妙であり、かつ優美であるからだ（中略）常に鉛筆を握って透視図あるいはフリーハンドのスケッチを行ない、目の訓練がなされることによって、良い結果が生まれるのである。これをなすことによって、単純な輪郭または幾何学的表現によって十分に諸君は具体的な表現を行うことができる」（ジョサイア・コンドル）

「立派な装飾上の仕事をする能力は、想像力の訓練だけでなく、手の訓練を絶えずすることによってはじめて達成され得るのである。その訓練は、手品師が、受けねばならぬ訓練ほどの注意力のいるつらい訓練であって、それは手に取るように明白な仕事上のさまざまな困難を克服するためにするのである」（ジョン・ラスキン）

「他の視覚的な実践の場合と同じように、建築用のスケッチはしばしば可能性の像である。つまり手描きによって可能性を結晶化し精緻化してゆく過程で、建築家はちょうどテニス選手やミュージシャンと同じように前進し、その過程に深く関わり、それについての思考を成熟させてゆく」（リチャード・セネット）

Reference Books

渡邉研司、ロンドン都市と建築の歴史、河出書房新社、2009
高山宏、近代文化史入門、講談社学術文庫、2007
高山宏、カステロフィリア記憶・建築・ピラネージ、作品社、1996
松岡正剛、情報の歴史を読む、世界情報文化史講義、NTT出版1997
若桑みどり、イメージの歴史、ちくま学芸文庫、2012
アーサー．Ｏ．ラヴジョイ（内藤健二訳）、存在の大いなる連鎖、ちくま学芸文庫、2013
バーバラ・スタフォード（高山宏訳）、ヴィジュアル・アナロジー、産業図書、2006
バーバラ・スタフォード（高山宏訳）、実体への旅1760年-1840年における美術・自然と絵入り旅行記、産業図書、2008
マリオ・プラーツ（高山宏訳）、ムネモシュネ文学と視覚芸術との間の平行現象、ありな書房、1999
岩田誠、見る脳・描く脳　絵画のニューロサイエンス、東京大学出版会、1997
ジョン・ラスキン（高橋松川訳）、建築の七燈、岩波文庫、1991（1930）
ジョン・ラスキン（川端康雄訳）、ゴシックの本質、みすず書房、2011
ジョン・ラスキン（内田佐久郎訳）、建築と絵画、改造社出版、1933
ジョン・ラスキン（小林一郎訳）、二つの道、玄黄社、1925（1917）
長谷川堯、都市回廊　あるいは建築の中世主義、中公文庫、1985
リチャード・セネット（高橋勇夫訳）、クラフツマン　作ることは考えること、筑摩書房、2016

第1講　ガイダンス　講義のねらい

「先生、どうしたら建物のスケッチが描けるようになるんでしょう？」

私のゼミに入ってきた学生の多くが口にする言葉です。

「ん？まずは講義が退屈だと、先生の顔や友達の寝ている姿、自分の手を描いてみてごらん。窓の外の風景を描くのもいいね。あ、これパースの原理だよ。あるいは電車の中でスマホを見つめる代わりに人の姿を描いてごらん。そのうち手が自然と動くようになるよ」

と自分の講義はよそ見せずに聴いてくれているものと信じて学生に答えています。

建築を学ぶ学生にとって、あるいは日々建築や都市の姿にアイデアを凝らしている建築家にとって、あるいは建設現場で働く技術者にとって、スケッチすることの意義は何でしょうか。この講義では、このことを明らかにしていきたいと思います。ただ明らかにするだけでなく、ついでにスケッチが描けるようになり、講義のメモを取るようにスケッチを描きながら、現代社会の基盤となっている近代という時代の建築や都市に対する思想（考え方）や流れ（歴史）を学んでいくこと。この三つを同時にやってしまおうというのが、この講義のちょっと欲張りなねらいです。

とはいえ、なぜ今の学生が透視図と言われるパースやスケッチを描かなくなったのでしょうか？私が学生だった頃の1980年代と現在の建築学科の授業において、最も異なっていることは、建築の平面図と立面図（断面図）をもとに、透視図を描く方法を学ぶ図学という科目がなくなったことがあげられます。私が学んだ日本大学理工学部建築学科では、1年生は習志野校舎でいわゆる教養課程の科目や設計製図の基礎を身につけるのですが、その中で1年間をかけてみっちり学ぶ図学という授業がありました。

【図1】芦原義信による法政大学での図学の授業風景

【図2】オフィスの設計課題で描いた2点透視図

大学によって差があるとはいえ、2000年くらいまで図学と呼ばれる講義は、残っていたと思われます【図1】。私自身、2001年から2002年の2年間、非常勤講師として東京都立大学工学部の1年生に教えた経験があり、2003年以降、その授業がなくなってしまいました。

図学という科目が建築学科からなくなったその一つの要因は、日本に建築学科が工部大学校の造家学科（東京大学工学部建築学科の前身）として誕生して以来、長らく続けられていた設計図の作成が、手描きからCADに変わったことがあげられるでしょう。これは不思議なことではなく、一般社会での建築設計の図面作成自体が、1990年代後半から変わり始め、2000年代以降、もはや手描きで図面を作成している設計事務所や建設会社は、こだわりを持ったいわゆるアトリエ系の設計事務所を除いて、ほとんどないのではないかと思われます。つまり、そのような社会情勢に建築教育を合わせたのであり、それが先に述べた私の体験となって現れたのです。

現在、ほとんどの私立大学や国公立大学の建築学科では、線の練習と称して設計製図の授業が行われており、シラバス的に言うならば、基本的な建築図面の描き方を習得することで、図面そのものを読めるように（理解できるように）することが目的となっており、そこには簡単な模型を作成することも含まれています。また課題を自宅で行うためにA2版サイズの製図版を含めて、製図道具一式を購入することになっています。しかしながら、大学では、ワードやエクセル、イラストレーション、フォトショップなどでほとんどのレポート課題などを作成するので、図面作成も自然とそれらを使うようになります。また、大学によっては製図ツールソフトを取り入れた授業としてCADを使えるように教えているところもあります。したがって、2年生、3年生となるにつれて、建築設計課題の図面表現は、優秀な学生ほどCADなどを使って図面を作成しておりますが、内部空間を表現する図面は、そのほとんどが模型写真で代用しております。1年生の時に図学を学んだ私たちの世代は、課題の提出図面の中に透視図という指定があり、がっつりA1サイズに描いて提出させられました【図2】。

この平面図や立面図（断面図）から空間描写である透視図を作成すること、あるいは逆に透視図から平面図や立面

図（断面図）をたどること。この往復運動は、まさに建築家が最初に頭に浮かんだアイデアを形にする（絵にする）基本動作（OS）であります。しかも図学で学ぶ透視図法は、いわゆる「美的なセンスがあること」、「絵が得意であること」とは無関係で（あるに越したことはありませんが）、幾何学上の論理的なプロセスを経ることで誰でも描けるようになります。このプロセスさえ身体に覚えこませれば、後は自然に形をつかみ、陰影をつけ、材質感などの表現を加えることで、ほぼ見たままのスケッチが描けるようになります。

　上野にある国立西洋美術館を含めて世界中で設計した作品が、2016年に世界遺産登録されたル・コルビュジエが若い頃、「東方への旅」【図3】と称して訪れたギリシアやトルコで残したカルネ（手帖）には、多くの建築、街並み、風景、平面図や断面図が、ある時は詳細に、ある時は大胆に描かれ、それに対する考察や印象がこと細かに書かれております【図4】。おそらくこの数年に及ぶル・コルビュジエ（その時はまだシャルル・エドワール・ジャンヌレという本名でした）の建築に対するスケッチという身体運動を通した思考方法で記された記録こそ、その後に展開される発想の基盤となっているのです。というのもル・コルビュジエは、この後出版した『建築へ』や『ユルバニスム』などの著作に東方への旅で描いたスケッチを掲載しています。

　ル・コルビュジエは、建築を学ぶ前（彼は建築を専門とした学校には行っておりません）に、故郷のラ・ショー＝ド＝フォンという町の美術学校でデッサンの基本を身につけておりますし、その後、エコール・デ・ボザールというフランスの美術学校の教授が出版した本などで図法を独学で学んでおり、これについてはルネサンス時代のイタリア

の画家による絵画の構成を自らの空間構成に応用したという研究がなされています。ル・コルビュジエの建築作品や展覧会を見に行き、多くの彼に関する書籍を読むことはぜひ必要なことですし、彼を題材とした建築学の教科書まで出版されており、むしろ積極的に学生に推薦していますが、本当に必要なことは、彼の建築理論を学ぶだけではなく、自ら旅に出て、建築や街並み、風景のスケッチを行い、場合によっては平面図や断面図を想像して描き、その考察や印象を記録するという、ル・コルビュジエがやった同じ身体運動を真似る（学ぶ）ことではないかと思います。もう一人ル・コルビュジエより前に当時産業革命の最中で発展していたイギリスを訪ね、多くのスケッチを残しているドイツ人建築家であるカール・フリードリッヒ・シンケルがいます。もしかするとル・コルビュジエは彼のことを意識していたのかもしれません。というのもスケッチやメモの感じがよく似ています【図5】【図6】。

　ところで2045年には、シンギュラリティと呼ぶ人工知能（AI）社会が実現し、多くの職種が人間に代わってAIが行うことになるという予測が立てられております。すでに多くの建設会社や設計事務所はBIM（Building Information Modeling）という、それまでデザインのために描かれていた3次元パースを構造設計や設備設計情報の他、コストや仕上げなどを一つの情報として管理し、エコロジーで効率的な施工計画を人間に代わって立てたりすることが可能となっております。

　建築の設計図はもちろんのこと、模型や完成パースなど、現在建築学科の学生に課せられているものは、実際社会に出れば、すべて製図機械がやることになり、建築家の役割はそれぞれ設計条件の最適値をプログラムソフトに入力するだけになるかもしれません。無論、施工もすべて建設機械が3Dモデルのように作るという社会になるのでしょ

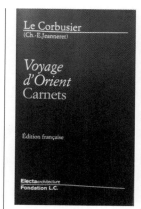

【図3】ル・コルビュジエ
東方への旅（再構成版）表紙

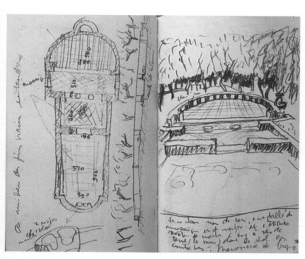

【図4】ル・コルビュジエ 東方への旅内のスケッチ

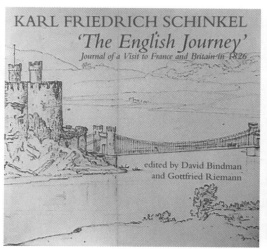

【図5】シンケル イギリス旅行（著作版）表紙

【図6】シンケル イギリス旅行内の
スケッチとメモ

【図7】装飾様式演習1西洋古代 表紙

【図8】装飾様式演習1の中の今のスケッチ

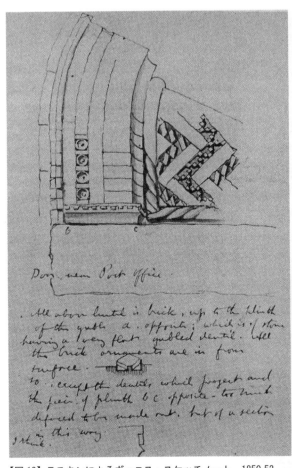

【図9】建築の七燈 表紙

う。このような社会が予想されているにもかかわらず、**私はあえてこの講義でスケッチ力なる人間本来が有する能力に着目し、できるだけ多くの学生にこの能力を身につけてもらい、建築や都市に対する近代的な思考がどのように誕生してきたのかを理解した上で、新たな建築や都市の未来像を描いて欲しいと考えております。**

以上がこの講義を行う動機でありますが、もう一つ、それこそ、学生時代から図書館代わりに使い、今でも暇があればよく行く、古書店の街、神保町にある建築専門の本屋（南洋堂）で見つけた1冊の本の存在があります。それは、今和次郎という異色の建築家が早稲田大学で装飾論を講義していた時に出版した、『装飾様式演習1西洋古代』（相模書房 1954年）という本です【図7】【図8】。本というよりいまでいうとワークブックであり、その証拠に本の使い方という簡単な解説以外、文章がありません。今が描いたエジプト、ローマ、ビザンチン、中世に至るまでの装飾パターンや建築様式が左ページにレイアウトされ、右ページは空白です。ここに今の描いたスケッチを真似て学生がスケッチを練習するようになっております。扉のエピグラフで紹介した言葉の続きで今は次のように言います。

『『君、理屈ではないよ、技巧は、黙々として修習すべきものだ。ただ、うまいか、まずいかがあるだけだ。君のは少々まずい』などと学生たちと戯れたりしている。すなわち演奏の技巧というものは理屈ではない。"もよう"は複雑な曲線の演奏だ』*

今が講義中に描いた「もよう」がどのようなものであったのかはわかりませんが、上記の今の言葉から、学生が黙々と"もよう"を描きながら、今が自ら手本を示し「いいね」「下手だね」など茶々を入れている授業の風景が思い浮かびます。私自身、今による民家のスケッチを見て、あんな風に描けるといいなと学生時代に思ったことがあります。私もこれまで大学での講義中、どうしたら学生が建築の歴史に興味を持ってくれるのか、その日にあった出来事など身近な事例をあげながら話をしたり、パワーポイントで多くのスライドを見せる他に、実際にその場で建築物のスケッチを描いて説明したことがあります。中には講義の後で最初に述べた質問をしてくる学生はいますが、建築史の講義について質問してくる学生はほとんどいません。そんな時、この本を手にして、今の先ほどの言葉にヒントを得たのです。それは、子供の時、誰もが見よう見まねで時間を忘れ何かを夢中になって描いた経験があるのではないだろうか、くりかえし、くりかえし、描くことによって、手

が動くようになり、建築史の流れがわかるようになるのではないか、そのように教えることによって、自分自身も楽しいのではないかという、ひらめきや思い込みとも言える問いかけです。

ひらめきや思い込みだけでは、講義を受ける学生にとって不安でしょうから、これまでスケッチを実施することで得られた知見を紹介します。それは、ル・コルビュジエが建築の道に進むきっかけとなった、19世紀イギリスの美術評論家ジョン・ラスキンによる『建築の七燈』【図9】【図10】にならって、スケッチ力を身につける効果として、以下の「七つの力」を習得できることにあると考えています。

1. **抽象力** 対象物を抽象化し、余分なものをそぎ落とし、核となるものを見分ける眼力を養う
2. **観察力** アイスパンを狭めたり、広げたりしながら、目に見える部分だけでなく、目に見えない部分を見る眼力を養う
3. **表現力** 材質感、陰影、点景と対象物のスケール感を表現するスキルを身につける
4. **構成力** 対象物をフレーム化し、適切かつ大胆な構図として表現するスキルを身につける

【図10】ラスキンによるヴェニス・スケッチノート　1850-52

5. 直感力　第一印象の感度を上げ、美しさをつかみ、周辺状況の空気を読む力を養う
6. 想像力　建物の外部・内部を描くことで、平面や断面の空間構成ならびに人がどのように使うのかを想像し共感する力を養う
7. 記憶力　身体運動としてスケッチすることによって、その情景や印象を長らく記憶し、建築や街に流れている時間を共有する力を養う

　この講義では、近代的思考が始まった15世紀から比較的新しい建築を残し使い続けていこうとする21世紀まで、およそ600年間の建築や都市、それらに対する思想の変遷にある問題点をこの第1講のガイダンスを含めて14のテーマから紐解いていきます。講義は大きく二つに分かれます。

　前半の第2講から第7講までが私たちが生まれた時からどのように「モノ」を見ているのか、あるいは見させられているのか、特に身体感覚において視覚が作り出すイメージや趣向、その変化を取り上げます。**それゆえ、講義の内容は物理的な建築や都市ではなく、それらのイメージが生まれる時代や文化的背景に焦点を当てます。別の言葉で言うと「普通さ」「当たり前」にあえて疑問を持つということが重要となります。**ただし、私たちの「モノ」の見方が明治以降の西洋的なものに基づいているという前提に立っていますので、江戸時代以前の日本は取り上げません。

　後半の第8講から第14講までは、いわゆる大学の建築学科で行なわれている近現代建築史ということになりますが、年代順は守りながらも、**材料、技術、建築家、都市計画、建築教育・職能、保存・再生という6つのトピックに分けて、前半の講義で取り上げたことと結びつけながら、建築文化史としての近現代建築史の広がりと奥行きを確認**していきます。

　そして、第2講からのスケッチワークショップでは、講義に関連した建築のスケッチを東海大学の学生たちに描いてもらいました。タイミング良く（悪く？）コロナ禍で海外旅行ができないので、インターネットを使って画像検索してもらって、気に入ったものを描いてもらいました。**皆さんもぜひ名称や場所で検索してもらい、いいなと思った建築や風景をぜひスケッチしてみてください。自ら手を動かしてスケッチし、自分の眼と頭と手をつなげてもらいます。**スケッチはどんなものに描いても構いません。できればこの講義で使っているノートがいいと思いますが、設計課題で使っているクロッキー帳やスケッチブック、あるいはミスコピーした裏紙を閉じて使ってもいいでしょう。慣

れないうちは2Bくらいの太めの鉛筆で、慣れてくると水性ペン、これも0.7以上の太めがいいと思います。無理して高いものを選ぶ必要はありません。自分にとって描きやすいものがいいです。ただ最初は色々試す必要があるかもしれません【図11】。

【図11】これまで使用してきたスケッチブック

【図12】iPadスケッチ

　スケッチが慣れていない人のために、巻末にはスケッチをいくつかの透視図法を使ってスムーズに描けるように、パースグリッドを入れたワークブックのページをつけました。コピーして使ってもらえればと思います。

　スケッチブックを使っていた私は、最近、iPad proとapple pencilを使い始めました。娘たちが何のためらいもなく使っているのを傍目で見て影響を受けたのですが、想像していたより使い勝手がよく、ペンの太さ、着彩などれも自由に設定できますし、それこそSNSなどですぐさま発信することもできます【図12】。近いうちに建築デザインもアイデアのエスキースから製図まで、これらのデジタルツールで作成することになりそうです。いずれにせよ、**アナログであれ、デジタルであれ、今和次郎が言っているように、くりかえし、くりかえし、子供のお絵描きのように楽しくやることが何より大切**です。そして、4回にわたって紹介している私がこれまで訪れた建築や街並みのスケッチ集である「西方への旅」にならって、自ら街に出て、本物の建築や街並み、そこで生活する人間の様子をスケッチし、ル・コルビュジエが若い時にやったように、これからの建築や都市環境の姿を想像してもらえれば、私として望外の喜びです。

　巻末には、建築文化の星座として、ワークショップで学生が描いた建築のすべてを時代や建築の様式を表すキーワードとともに、配置しました。古代メソポタミアやエジプト、その後ギリシアやローマに広がった**技芸としての建築**が、ルネサンスで芸術としての建築と技術としての建築に分かれ、20世紀にそれらが再び近づきながら21世紀すなわち人新世と呼ばれる時代になって、**生命としての建築**として統合されていく、建築文化史の大きな潮流をざっくりとつかんでもらえればと願っています。

　さあ、これからこのスケッチの「七つの力」を得るための講義を始めます。

Lecture2

2006 年にギリシア、イタリアをめぐる海外研修旅行の引率で訪れたフィレンツェのサンタクローチェ教会回廊。学生とともに各自気に入ったアングルでスケッチを行なった。普通の見方だと画面に入らないので、パースを強調して回廊全体を描いた。

Study Points

1. 透視図はどのように誕生したのか？
2. ブルネレスキが行なった実験とは？
3. ブルネレスキはどのような建築をデザインしたのか？
4. 古代、中世、近代のものの見え方は違うのか？
5. グリッドと印刷術の発明の影響とは？

Reference Books

大澤真幸、世界史の哲学　古代編、講談社、2011
大澤真幸、量子の社会哲学　革命は過去を救うと猫がいう、講談社、2010
E. パノフスキー（木田元監訳）、象徴形式としての遠近法、ちくま学芸文庫、2009
大林信治、山中浩司編、視覚と近代―観察空間の形成と変容、名古屋大学出版会、1999
モリス・クライン（中山茂訳）、数学の文化史　上、現代教養文庫、1977
仲田紀夫、数学のドレミファ　エッフェル塔で数学しよう　数学の世紀（2）フランス編、黎明書房、1992
布施英利、遠近法（パース）わかれば絵画がわかる、光文社新書、2016
岡崎乾二郎、ルネサンス　経験の条件、文藝春秋、2014

第2講　近代思考＝透視図の始まり
（視覚革命 1）

今回の講義では、建築学科の学生であれば身近な建築空間の表現方法であるパース（透視図法）について考えてみます。その起源を辿りながら、図法自体が私たちのものの見方すなわち近代思考となっていることを指摘していきます。

君たちは、この二つの絵【図1】【図2】を見てどんな感じがしますか？実は同じテーマで描かれた絵画です。たぶん右の絵はどこかで見たことがあると思います。そうです。レオナルド・ダ・ヴィンチによって1498年に描かれた『最後の晩餐』です。『ダビンチコード』という映画のモチーフとなった絵で、ここにメッセージが隠されているということでした。詳しい話は映画や本に当たってもらうとして、この2枚の絵画で君たちが持つ違和感、なんか変だなと感じることこそ、今回の講義の問いとなります。あ、最初に言っておきますが、これからの講義はなんらかの絵画や写真などの視覚芸術を見ての問いかけがあります。その問いを講義の中で君たちと一緒に考えていき、私の言うことをヒントにしてその問いを自分で膨らませ、その答えを模索することこそ、学問に対する大学生の取るべき姿勢だと私は信じております。ゆえにこの講義では高校までの授業のように年号や公式を覚えたりすることはしません。でも、例えば今取り上げたレオナルドがいつ頃活躍したかくらいは、いちいちスマホで調べるのではなく、パッと思い浮かべられるようになって欲しいというのが本音です。

さて、この二枚の絵、そこに座っている君はどう思いますか？

あ、これも言っておきますが、講義中、指差しで普通に当てますので、驚かないでください。私が高校の時、By my watch と言って自分の腕時計を見て秒数で当てていた英語の先生がいました。ただし、睡眠中の人を起こしたりするような野暮なことはいたしません。

> 左の絵が変です

> どんな風に変？

> なんかのっぺりとしています

> 平面的だということ？

> そうです

たぶんみんなもそう思ったと思います。左の絵は、14世紀のイタリアの画家ドゥッチョ・ディ・ブオニンセーニャが、1310年頃に描いたとされています。同じテーマを題材にしているにもかかわらず、200年くらいの相違で、なぜこのように描き方や構図が異なるのでしょうか？なるほど、画面前面にキリストを中心に彼の弟子である12使徒たちが、左のドゥッチョの絵ではテーブルを挟んで画面の前後に並び座っており、右のレオナルドの絵では、テーブルの画面の後ろ側に一列で並んでいる違いはあります。ま

【図1】ドゥッチョ 最後の晩餐

【図2】レオナルド 最後の晩餐

た、ドゥッチョの絵では彼らがいる室内空間の表現が、天井部分を支える2箇所の腕木と天井の両端の回縁の角度を見る限り、キリストを中心とした軸線上つまり消失軸上にあるように見えますが、テーブルに置かれているナイフやテーブルそのものの向きは、画面の右斜め上に平行した状態で向かっております。レオナルドの絵のようにキリストの顔にある1点に、平行するすべての線が集まっているわけではありません。

このことは、二つの絵に描かれている空間が、見ている私たちの空間と連続しているのかどうか、言葉を変えるとそのまま絵の中に入っていけるのかどうかという違いになっています。左の絵は先ほど彼の言ったようにのっぺりとしていてそこには入っていけない。人間の知覚である視覚すなわち脳における情報の処理が200年で変わるのでしょうか？一体人間の知覚に何が起こったのでしょうか？

14世紀と16世紀の間にあるのが当たり前ですが15世紀です。15世紀は世界史で誰もが学んだようにギリシア・ローマ時代の再生を意味するルネサンスが始まった時代です。実は12世紀にもルネサンスがあり、その時はヨーロッパより文化的に進んでいたイスラーム世界に刺激を受け、多くの古代の本がギリシア語からラテン語に翻訳されました。それはさておき、15世紀のルネサンスは、ものすごく大雑把に言うと、神に代わって物事を説明する決意と試みが、神職者を除く人たち、特に芸術家たちによって生まれ、実施された時代だと言えます。ただ16世紀からは、神職者を巻き込んで宗教改革が起こります。これについては後で触れます。

14世紀のペスト（黒死病）の流行から、どうせ死ぬんであれば神様に頼らず人生を謳歌しようと考えた人文主義（ヒューマニズムと言います）が、15世紀ルネサンスとして最も花開いたのがフィレンツェでした。その中でも彫刻家であり建築家であったフィリッポ・ブルネレスキは、ドゥオーモと呼ばれるサンタ・マリア・デル・フィオーレ大聖堂のクーポラの建設方法の設計競技に勝ち、足場なしでドーム屋根を架ける驚くべき工事をやったことで有名です。他にも彼は建築家として捨子保育院など素晴らしい建築を設計していますが、ここで注目したいのは、長年建築学科で教えられていた図学で扱う透視図法の原理である線遠近法を確立し、その描き方をすれば、実際の見え方と一致することに気付いたのがブルネレスキだということです。彼についての詳しい話は各自で調べるとして、1413年、彼はドゥオーモの前にある、当時未完成だったサンジョバンニ礼拝堂を正確な透視図で描いた板絵に穴を開け、自分の

手前に鏡板をかざして、板絵の穴から覗くと背景の実際の見え方と一致し、今で言うところのバーチャルリアリティが体験できることに気づきました。すなわち自分の目の高さに水平線があり、その線上にすべての平行線が1点に集まる点、消失点が存在することです【図3】【図4】。

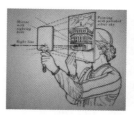

【図3】ブルネレスキの実験

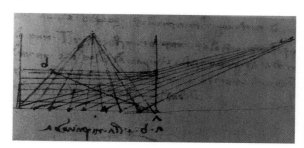

【図4】レオナルドによる透視図法

このブルネレスキの気付きを線遠近法として、これも15世紀ルネサンスの天才と言われたレオン・バッティスタ・アルベルティが『絵画論』（1435年）でまとめています。そしてアルベルティによる一点透視図法によって描かれたのが、レオナルドの『最後の晩餐』です【作図】。

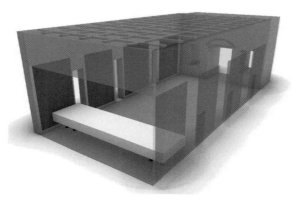

【作図】レオナルド 最後の晩餐空間モデル（山田弦太郎 作）

近くに見えるものは大きく、遠くに見えるものは小さく描く。だからこの図法で描かれた絵画に奥行きを感じ、その中に入っていけるように思えるのです。現在の私たちにとっては当たり前のように思えますね。一方、14世紀にドゥッチョによって描かれた平面的な『最後の晩餐』には、奥行きが感じられません。それはなぜか？ここに人間の視覚に対する大きな変化があったからです。それは近代的な思考方法の始まりと言っていいと思います。おそらく14世紀では人々にはあのような平面的な見方が当たり前であり、今の私たちにとってみれば、くりかえしますが、近くに見えるものは大きく、遠くに見えるものは小さく描くことが当たり前となって

【図5】アルブレヒト・デューラー 横たわる裸婦を描く

【図6】透視図の原理を示す図

【図7】第4様式（魚骨状原理）

います。でもそれはそのようなものの見方を生まれてから今までやってきているからです。つまり、**そのような見え方をするメガネを生まれてから今まで知らずとかけている、いや、かけさせられているのです。そのような見え方が近代的な思考方法であり、15世紀に起こった視覚革命であります**【図5】【図6】。

　もう少し違った視点から見ると、あ、この言い方そのものに透視図法の言葉が使われているのがわかりますか？パースは英語で言うとperspective＝パースペクティブであり、辞書で引くと次のように書かれております。1．a 遠近法、透視画法；透視図、パース、b 配景、遠近感；《見たうえの》釣り合い、配合　2．《物事を考察する際の》遠近法（による相互関係）；バランスのとれた見方；視点、観点、見地　3．遠景（の見通し）、眺め、眺望；前途 つまりパース＝透視図法には視点や観点、見地という意味が含まれており、この言葉の意味こそパース＝透視図法が近代的な思考方法を示している証拠でもあります。ついでに言っておきますが、私たちが普段なにげなく使っている言葉をもう一度考えてみることも、学問に対する大学生の取るべき姿勢だと思います。例えば建築学科の学生であれば「建築」と「建物」という言葉を使っていると思いますが、その違いって意識していますか？なんで建物学科と言わないの？日本で最初に工部大学校にできた建築学科は造家学科と呼ばれていたのを知っていますか？これらについても今後、講義で取り上げていきますので、その前に自分で調べておいてください。閑話休題。

　14世紀と16世紀に描かれた『最後の晩餐』の違いはズバリ、対象物と観察者との間にある距離感です。実際には何らかの隔たり＝距離がそこにはあるのですが、14世紀以前、いわゆる中世と呼ばれる時代の人たちは、例えば神様の姿や人間の姿でその隔たりを埋めようとします。その結果、画面が並列的で平らになってしまいます。15世紀に透視図法が誕生するきっかけとなった近代的思考法である、隔たりを隔たりとして意識し、平面図上にグリッドが設定されることになります。言い換えると、**抽象的に物事を考えられるかどうかということです。**

　目に見えない神様は抽象的ではないのかという疑問が出てきますが、14世紀以前はその抽象的な神様を具体的にイメージしてしまう（偶像化）、せざるをえないというメガネを人々はかけていたと思います。キリスト教の元となったユダヤ教、同じ神を信じる後発のイスラーム教が、今でも厳しく神の偶像を禁止していますが、本来キリスト教も同じでした。これら三つの宗教は、抽象的な言葉＝聖書、アルクルアーン（コーラン）を啓典とした宗教だったのですが、キリスト教だけはローマ人やゲルマン人に布教するために、十字架にかけられたキリスト像や聖人などを偶像化していきました。

　ところが、15世紀から、前述したように人間の価値観や見方に着目するならば、それは、古代ギリシア時代のものの見方であるヘレニズム的文化を、キリスト教的ものの見方であるヘブライズム的文化の中に再生（ルネサンス）することを意味しているのです。具体的にはブルネレスキがサンジョバンニ礼拝堂の姿を描いた手法、とりわけ**平面図に描かれたグリッドの設定、何もない隔たりを代替物で埋めるのではなく、何もない空間自体を抽象的な空間として設定すること、このことが近代的思考法にとってきわめて重要となります。**

　ちなみに左のドゥッチョの絵で天井や壁の線がキリストを通る軸線上に消失軸として集まっていると言いましたが、実はこの遠近法の手法は古代ギリシア時代にとられた図法で、消失軸に線を集めるとその形が魚の骨に似ているため魚骨状原理と、イコノロジーで有名な美術史家アーウィン・パノフスキーが指摘しております【図7】。つまりこの絵はまったく中世的なフラットな絵というわけでなく、ルネサンスの走りがこの絵の画法に反映されていたと思われます。ここから数学、物理学などの近代科学や透視図法の延長として地図作成法が誕生します。少し大げさに言えばこのブルネレスキによる視覚革命がなければ、近代科学はなかったでしょう。

　話は変わりますが、建築設計の実務に当たっている人が設計図を描く時、必ずその建築物の骨格にあった柱や壁の配列を示すグリッドを設定するはずです。逆に言うと抽象的なグリッドを設定しない限り具体的な建築は生まれません。多くの学生が勘違いして自由曲線の建築を設計してしまいますが、これは単なるお遊びにすぎません。もちろんアイデアを練る段階での形のエスキースではフリーに描いてもいいのですが、この段階でも建築の設計であれば、グリッドを設定すべきだと思います。

　いずれにせよ、このグリッドの設定が、数学で言えば、近代哲学の祖であるルネ・デカルトによって、カルテジアン・グリッドと呼ばれる座標【図8】として生まれます。私を含めて君たちを苦しめて

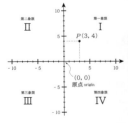

【図8】カルテジアングリッド

いる数学の一次関数、二次関数、三角関数、すなわち幾何代数学の誕生です。これによって、大砲の軌道が数式化され、ピンポイントで敵を攻撃することが可能となり、武器としての性能が大幅に上がりました。

　おわかりのように、ガリレオ・ガリレイによる物体の落下運動の実験からアイザック・ニュートンの重力の発見まで、この幾何代数学によってつながってきます。これは、数式という抽象的なもので具体的な現象を表すという思考方法です。**ガリレオは、「宇宙は数学という言語で描かれている。そしてその文字は三角形であり、円であり、その他の幾何学図形である・・・数学は神が書いたアルファベットである・・・そこに使われている言語を学び文字を解釈しなければ、誰もその内容を理解できない。その言語こそは数学である」**と言っております。

　ガリレオはこのように抽象的な数学を言語に見立てておりますが、言語自体も抽象化の最たるものであります。このことが先ほど触れた宗教改革を導いた直接の要因であると言えます。それはマルティン・ルターというドイツの神学者であり、聖職者が行った聖書のドイツ語翻訳の出版です。歴史を大きく見るならば、高校の世界史で学んだように、ここには紀元105年、後漢の宦官である蔡倫に始まったとされる製紙技術が、1300年の時を経てヨーロッパに伝わり、有名なグーテンベルグの活版印刷技術の発明によって書物の出版が普及するようになったのです。この潮流に乗ったのがルターによるドイツ語版聖書の出版でした。それまでラテン語で書かれていた聖書を各国語に翻訳することは、カトリック教会から異端行為として処罰されていたのですが、ルターはそのカトリック教会によるサンピエトロ大聖堂の修築のための寄付金を贖宥状の販売によってまかなう行為が、聖書のどこにも書かれていない、キリスト教の教えに反する行為として、カトリック教会に猛然と食ってかかります。ちなみにルターによって始まった教会刷新運動は、カトリックに抵抗（プロテスト）して、まさにイギリスや北ヨーロッパを中心としたプロテスタンティズムという名前のキリスト教運動に発展していきます。

　ルターは、聖書自体に立ち返るべきだとして、ドイツ人にも読めるようドイツ語版の聖書を出版します。ドイツ人にとって自分たちの言葉であるドイツ語で聖書を読むことで、教会という媒介なしに聖書の内容を理解することができ、直接神と話すことができる、これこそが近代的思考法の一つである個人主義の誕生となったと指摘されております。**おそらくこのような個人主義的な思考が生まれること**によって**個人の内面が生まれ、それに従って個室という内部空間への意識が生まれた**と思われます。私はキリスト教徒ではありませんので、聖書における預言の内容がどのようなものであり、それを信じるか、信じないかについてコメントできませんが、ここでは各国の言葉で聖書が翻訳されたこと自体、言語による聖書の抽象化＝近代的思考方法が生まれたと考えます。この聖書の内容を近代社会と結びつけて考察している本として、社会学者の大澤真幸の『〈世界史〉の哲学　古代編』を、また透視図法の誕生に関しても同じ大澤の『量子の社会哲学　革命は過去を救うと猫がいう』も合わせて参考文献として勧めます。

　まとめましょう。私たちが普段何気なくものを見ているその見方は、15世紀の建築家であったブルネレスキによって、線遠近法として生まれたものでした。それは14世紀までは人間が設定できなかった抽象的な空間＝隔たりの存在を意識化することでした。そこにはルネサンス＝古代復興というヒューマニズムの意識に裏打ちされた時代背景を有していたと言えます。その抽象的な空間＝隔たりにグリッドという普遍的な基準を設定することで、この近代的思考法は近代科学、とりわけ数学や物理学の発展を可能としていくものとなっていきます。今私たちがCADであれ、手描きであれ、作成している平面図や断面図、立面図は、まさにこの15世紀の透視図法から始まったのです。そして、もう一つの抽象化である言語として物事を記述すること。これも建築を考える上できわめて重要なことです。ガリレオが言った「宇宙は数学という言語で書かれている」は、そのまま「建築は図面という言語で書かれている」と置き換えられます。図面という言葉を読み、書くことができないと、建築を理解することは不可能なのです。

Sketch Workshop Lecture 2

L2-001　笹川武秀　作
所在地：フィレンツェ　設計者：P. ブルネレスキ

フィレンツェ・ドォーモ 1436

L2-002　笹川武秀　作
所在地：フィレンツェ　設計者：P. ブルネレスキ

捨子保育院 1419-45

L2-003　林夏摘　作
所在地：フィレンツェ　設計者：P. ブルネレスキ

サンタ・クローチェ教会 1429-72

L2-005 林夏摘 作
所在地：フィレンツェ 設計者：P. ブルネレスキ
サン・ロレンツォ教会 1421-46

L2-004 山田弦太朗 作
所在地：フィレンツェ 設計者：P. ブルネレスキ
パッツィ礼拝堂 1429-72

L2-006 林夏摘 作
所在地：フィレンツェ 設計者：P. ブルネレスキ
サント・スピリト聖堂 1434-82

L2-007 遠藤和華 作
所在地：フィレンツェ 設計者：L.B. アルベルティ
サンタ・マリア・ノッヴェラ教会 1456-70

Lecture3

1986 年 3 月、初めて一人で行った西方ヨーロッパへの旅で、ヴェニスのサンジョルジョ・マッジョーレ島のパッラーディオによる
教会を対岸からスケッチした。手前にヴェニスのゴンドラを入れることによって遠近感を強調した。

1986 3.30 S. GIORGIO MAGGIORE

Study Points

1. ソーンのドローイングはなぜ不思議なのか？
2. ソーンのドローイングにはどのような思いが込められているのか？
3. ソーンはどのような建築をデザインしたのか？
4. ベラスケスの絵に込められたこととは何か？
5. なぜ画家は自画像を描くようになったのか？

Reference Books

E. パノフスキー（木田元監訳）、象徴形式としての遠近法、ちくま学芸文庫、2009
M. フーコー（渡辺一民他訳）、言葉と物〈新装版〉人文科学の考古学、新潮社、2020
アンドレ・パラディオ（桐敷真次郎訳）、パラーディオ 建築四書注解、中央公論美術出版、1997
高山宏、カステロフィリア　記憶・建築・ピラネージ、作品社、1996
磯崎新、篠山紀信（写真）、サー・ジョン・ソーン美術館、19世紀（磯崎新の建築談義11）、六曜社、2004

第3講　描いている自らを描く＝自画像の始まり（視覚革命　2）

【図1】ソーン公的・私的建築物の集合

今回は、前回の講義で取り上げた透視図法に対するもう一つの視点すなわち自画像という17世紀から画家の中で流行った絵画に注目してみます。透視図法が近代的思考となっていったと言いましたが、描いている自らを描くという絵画手法が、建築の領域の中でどのように捉えられ、それまでの透視図法とどのような点が異なるのかを指摘してみます。

今回も、一枚のドローイングから始めましょう【図1】。18世紀から19世紀にかけて活躍したイギリスの建築家ジョン・ソーンによるものです。ちなみに日本で最初に教授として建築を教えたのがイギリス人建築家ジョサイア・コンドルで、彼は来日する前、若手建築家を対象としたドローイングコンペで、このソーンの名前がついたソーン・メダルを受賞しております。正確にはこの絵はソーンの右腕となったドラフトマン、ジョセフ・ガンディによって描かれたものですが、ソーンの建築作品の模型と絵画図面が置かれた部屋を描写したように見えますね。

これを見てどのように感じますか？そこの君

え、いきなり僕ですか？

【図2】ギャラリーペインティング　現代ローマの風景画ギャラリー

そうだよ。目があったから

あ、これも言っておきますが、この講義ではできるだけ前の方に座ってください。当てられないようにと後ろに座る気持ちはわかりますが、この前列3列目までがコンサートホールで言うS席です。あとはA席、B席、C席そして一番後ろがD席で、これはほぼ成績に反映していると思ってください。たまにS席で堂々と寝ている学生がいますが、それはそれで大物です。

はい、印象でいいので、この絵をどう見ます？

全体に薄暗いのですが、建築模型にスポットライトが当たっています。今まで実際の風景や建築物が描かれている絵はありましたが、建築の模型や図面、絵画作品が描かれたものはあまり見たことがありません

いきなり当てた割にはいいポイントをついております。そうです。この絵の不思議さは、建築作品、それも実際のものではなく、建築模型や図面、絵画に焦点が当たっていることです。そしてそれらが実際の部屋の中に置かれており、その部屋もまたソーンによる自邸（現在サー・ジョン・ソーン博物館となっている）内部を想定したと考えられます。いわば、模型・図面と実際の建築の内部空間の自画像と言えます。実はこの絵画の手法は、ギャラリーペインティングといって、18世紀イタリアで流行した描き方で、1枚の絵でたくさんの絵画が楽しめるといったものです【図2】。おそらく、ソーンが18世紀末にグランドツアーでイタリアに行った際に見たものであり、何枚かは購入し持ち帰ってきたものがあったのだと思われます。全体的に把握できるのはそれぐらいですが、細かく見ていくと不思議なことがわかってきます。というより自分のスケール感覚が揺らいできて不安さえ覚えます。

それではもう少し細かく見ていきます【図3】。画面の下、中央から右の方に目を凝らすと、大きなテーブルがあり、その上に建築図面が広げられていることがわかります。この建築図面はソーンの代表作といわれるイングランド銀行の平面図で、実は図面名称がわかるほど非常に細かく描か

れており、さらにその図面を眺めている人物が椅子に座っているのがわかります。これは一体誰なのか？自画像ということであればソーン自身なのか、でも実際この絵を含め、多くの設計図をドラフトマンとして描いたガンディなのか、という疑問が生じます。しかし、それよりも何よりも、もしこれが実際の人物の大きさだとすると、彼の周りにある模型や絵の大きさは、通常作成されるものにしては巨大すぎないだろうか？それらが置かれている部屋自体も普通の大きさのものではなく、宴会場ほどの大きさがあるのではないだろうか？いやいやイギリスなのでこの人物は小さな建築の精霊なのだろうか？といったような疑問が出てきます。実はこれを描いたガンディは、この絵を作成する前に「地下埋葬部屋」というタイトルの絵を描いており、中央に基壇上に光り輝く廟と背後に列柱があり、部屋全体のプロポーションが、この絵に類似していることがわかります【図4】【作図1】【作図2】。

また、先ほどの彼が指摘したスポットライトが当たっている模型こそ、イングランド銀行の模型に他なりません。あと、画面の左側、スポットライトで一部照らし出されていますが、霊廟に黒い布がかけられております。これは自邸を設計する前に亡くなったソーンの最愛の妻の墓であります。改めてこの絵を眺めるなら、ソーンによる建築たちが一堂に集まり、今から何かの舞台か、演奏が始まるような気がしてきます。天井部分にペンダンティブ・ドームといわれる天蓋がかかっておりますが、これもソーン独特のデザインであります。その天蓋の下、イオニア式のオーダー列柱に支えられたまぐさ部分には小さな模型が並んでおり、これも上から模型たちが見下ろしているように思えます。

ソーンは、ロンドンのロイヤル・アカデミーで建築を学び、いわゆる建築家としてエリートコースを進むのですが、同じ建築家にしようとした息子が不慮の事故で亡くなり、続いて妻が病気で亡くなってしまうという不幸にあいます。また、自邸の設計でバルコニー部分が違法建築だと訴えられ、教授として教えていたロイヤル・アカデミーから批判を受けてしまいます。この頃から視力が落ち、晩年はほとんど見えなかったと言われています。それと同時に、だんだんと少しエキセントリックな行動を起こすようになり、自邸の工事中に古代の遺跡が出てきたという嘘の情報を流し、自分に注目が集まるようなことをします。この自邸と思われる1室に過去の自分の作品を集め、とりわけイングランド銀行に自分が関わったことを強調しているように受け取ることができます。

【図3】ソーン公的・私的建築物の集合における詳細

ロンドンの中心部、リンカーンズ・イン・フィールズというスクエア型の広場に面したところにこの自邸はあり、先ほど言ったように現在は彼の博物館となっております。有名な大英博物館にも近く、ロンドンを訪れるのであれば行くことを勧めます。この自邸は増築されながら建てられており、併設してソーンを含めて古典建築史研究の重要な場所である図書館もあります。吹き抜けとトップライトからの採光によって、彼が収集した数多くの建築物の破片や装飾などが所狭しと壁に取り付けられており、それらによって、ソーンが意図したであろう幽玄な空間となっております。極め付けは地下1階にある大理石の石棺であり、

【図4】ガンディ地下埋葬部屋

【作図1】ソーン空間モデル全体（笹川武秀 作）

【作図2】ソーン空間モデル詳細（笹川武秀 作）

おそらくエジプトから持ってきたのだと思いますが、一瞬ここにソーンが眠っているのではと思いたくなります。また、前述したイタリアで収集した絵画や有名なピラネージによる廃墟の版画などのドローイングのコレクションが隠しパネルに収蔵されており、見学者が10名ほど集まると壁を開け、それらを見せてくれます。

このようにソーンの自邸は、ソーンのほら話だったとはいえ、**この敷地と建築には古代からの時間が流れており、自らの作品が断片やドローイング、模型として残っており、自分が入るであろう棺桶まで用意されている、自らの人生を表現した自画像であり、その流れる時間を空間化した立体的な自伝ではないでしょうか。**

このソーンの絵のように、描いているのがソーンなのかそうではないのかはおくとして、描いている自分の自画像を描くことはいつ頃から始まったのでしょうか。有名な画家としてはオランダのレンブラント・ファン・レインがいくつかそのような絵を描いておりますが、最も有名で「絵画の中の絵画」と言われるほど評価が高いのが、17世紀に宮廷画家として活躍したスペインの画家、ディエゴ・ロドリゴス・デ・シルバ・イ・ベラスケスによって1656年に描かれた『ラス・メニーナス』（女官たち）です【図5】。美術に興味がない学生でも、高校の時に使った世界史の図集にも載っており、見たことがあるのではないでしょうか。前回の講義で取り上げた線遠近法は、16世紀には多くの画家たちによって取り入れられました。線遠近法は、観察者（画家）の視点を固定し、それと同時に消失点が決まり、それが絵画を構成する無限の絶対的な視点として描かれる

【図5】ベラスケス　ラス・メニーナス

ことになります。そのように街の風景や部屋の中が描かれますが、そのうち何人かの画家が、描いている自分を外から見たいという欲望に駆られてきます。1588年、絶対王政スペインの無敵艦隊が、アルマダの海戦でエリザベス女王率いるイギリスに敗れたのをきっかけに、17世紀になると覇権がスペインからオランダそしてイギリスへと移っていきます。そのような絶対王政が崩れていく時代背景の中、フェリペ4世の宮廷画家であったベラスケスは、無限消失点を相対化することで新しい画法を確立しようとしたのかもしれません。

次にこの絵を見ていきましょう。絵のタイトルとなっているように、画面の中央にはフェリペ4世の王女であるマルガリータのお付きの女官、侍女、目付役、二人の小人と一匹の犬が配されています。画面の左手前にはキャンバスの裏面の一部が見え、その向こうにベラスケス本人が絵筆とパレットを持って立っております。王女と女官一人、画家の視線の先は、この画面を見ている私たちであり、同時に部屋の奥にかかっている鏡に映っているフェリペ4世とその王妃であることがわかります。つまり、**私たちの視点は、鏡に映っているフェリペ4世とその王妃の視点と重なっているのです。**とはいえ、実際のこの絵を描いたベラスケス自身の視点でもあります。ただ、ブルネレスキが設定した、1点透視図法において一つであるべきこの絵の消失点は、王と王妃すなわち私たちの視点であるはずですが、ベラスケスの作品を飾っているカーテンの間と呼ばれる室内空間における消失点は、実は観察者の視点である消失点とずれているのです。それでは室内空間の消失点はどこにあるのでしょうか？**それは部屋の入口で立って、まさに入り口のカーテンを開けようとしている、カーテンの侍従と言われる人間の手の位置にあります**【図6】。

【図6】カーテンの侍従のベラスケス

この空間の消失点、この空間を暗闇から解き放とうとしている人間、実は彼の名前もまたベラスケスといい、もう一人のベラスケスがこの空間の顕在化にとって重要な役目を果たしているのです。このようにベラスケスは対象化されることのない消失点を、二つ設定することで、それぞれの視点に意味をもたせたのです。**画家の視点を相対化すること、描いている自らをもう一つ消失点を設定することで明らかにし表現すること、このことこそベラスケスが考えたことだと思われます**【作図3】【作図4】。

【作図3】ラス・メニーナス空間モデル全体（小山裕史 作）

【作図4】カーテンの侍従からの眺め（小山裕史 作）

　それでは建築家にとって設計を行う上での絶対的規範とは16世紀当時において何であったのでしょうか。ざっくり言うと**それは古典建築におけるオーダーである柱頭にある三つの様式とプロポーションにおける比率を守り、それを適材適所に使うこと**でした。15世紀から16世紀に至って建築家によって頑なに守られてきた規範は、16世紀後半から17世紀にかけて、マニエリスムとバロックという様式の崩しすなわち相対化が行われます。ミケランジェロ・ブオナローティ・シモーニによるサン・ロレンツォ教会にあるラウレンティーナ図書館の入り口部分のデザインは、マニエリスム建築の先駆けと言われていますし、ローマ市内にある建築家・彫刻家フランチェスコ・ボッロミーニによるサン・カルロ・アッレ・クワトロ・ファンターネ教会は、天蓋を覆うのは完全な幾何学形態である円ではなく楕円形であります。ちなみにこの建築は私が大好きな教会で、ローマに行く時は必ず訪れます。

　もう一つの建築家にとっての相対化とは、ソーンのように自らの自画像として建築を建てることだけでなく、**自らの建築作品を外在化すること、それは自らの建築理論と図面集を出版すること**ではないかと思います。おそらく最も早い建築理論書と建築図面集を出したうちの一人が、イタリアのヴィツェンツァに多くの作品がある建築家、アンドレーア・パッラーディオだと言われております。彼は『建築四書』という本を1570年に出します【図7】【図8】。パッラーディオの建築作品は、古典的な要素を使いながら、パッ

ラーディアン・スタイルとして、主に18世紀にグランドツアーでイタリアを訪れるイギリス人建築家によって持ち帰られ、イギリスやアメリカに広まります。最も有名なのは、第3代アメリカ大統領トーマス・ジェファーソンであり、彼は建築家として、モンティチェロにパッラーディアン・スタイルの自邸を設計しております。イギリスで知られているのは、ロンドンの西にあるチジック・ハウスです。ここはチジック・ガーデンという広い庭園の中にある、パッラーディオによるヴィラ・ロトンダを少し縮小コピーした建物ですが、ロトンダにはない煙突があったり、ロトンダでは4面にポルティコがあるのですが、それが正面しかなかったりと、イギリス風にアレンジされています。このようにパッラーディオの影響は世界中に広がっており、その理由は、彼のスタイルが外在化されること、つまりパッラーディアン・スタイルとしてパッケージ化された結果だと考えられます。付け加えておくなら、遠く日本にもイギリスを通してパッラーディアン・スタイルが明治時代に伝わっており、その典型は、建築家の野口孫市と日高胖によって設計された大阪中之島にある大阪府立中之島図書館だと思います。

　まとめましょう。15世紀に始まった線透視図法は、16世紀から徐々にその絶対的視点を外部から見るという、画家による内なる欲求によって、自画像という形で表現されるようになります。建築家では、ソーンがガンディを使って建築の自画像を描かせ、立体的自伝として自邸を建てます。ベラスケスやレンブラントという画家によって自画像は発展していき、特にベラスケスの『ラス・メニーナス』は、画面上の画家、実際絵を描いている画家、対象物、絵を見る私たちの視点という、複数の視線が相対化されており、ギャラリーペインティングなどそれ以降の絵画に影響を与えていきます。一方、自画像の建築バージョンとして自らの作品と建築理論を外在化し、作品集として出版したのがパッラーディオであり、彼の建築スタイルはパッラーディ

【図7】パッラーディオ作品集 表紙

アン・スタイルとしてイギリスとアメリカ、その後日本を含めて世界中に流布していきました。パッラーディオに影響を受けたイギリス人建築家の一人がソーンであり、まず、自伝を絵画として表現し、さらに自伝を立体化した自邸を建て、建築における自画像を確立したのです。

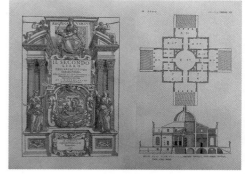

【図8】パッラーディオ建築第2書扉とロトンダ図面

Sketch Workshop Lecture 3

L3-001　笹川武秀　作
所在地：ロンドン　設計者：ジョン・ソーン　1753-1837
ソーン自邸（博物館）1813

San Carlo alle Quattro Fontane

L3-002　山田弦太朗　作
所在地：ローマ　設計者：フランチェスコ・ボッロミーニ
サン・カルロ・アッレ・クアトロ・
ファンターネ聖堂 1637-1667

L3-003　新倉穂香　作
所在地：ヴィチェンツァ
設計者：アンドレア・パッラーディオ
ヴィラ・ロトンダ 1552

L3-005　小山裕史　作
所在地：シャーロッツビル
設計者：トーマス・ジェファーソン
モンティチェロ 1809

L3-004　植松美羽　作
所在地：エディンバラ　設計者：ロバート・アダム
ジョージアン・ハウス 1790

L3-006　林夏摘　作
所在地：チジック
設計者：第3代バーリントン伯爵リチャード・ボイル
チジック・ハウス 1725-1729

L3-007　小竹広大　作
所在地：大阪府　設計者：野口孫市、日高胖
大阪府立中之島図書館 1904

Lecture4

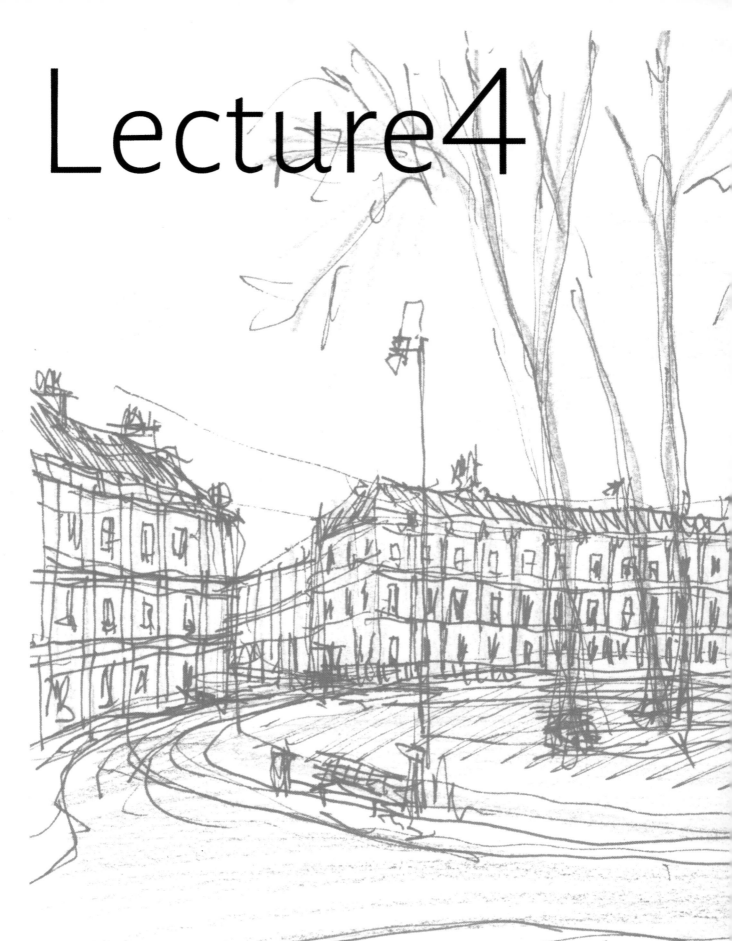

1994年1月、AAスクールで仲良くなったベネズエラの友人と一緒に訪れたバースの街並みで、サーカスという広場を中心とした円形になった家並みに感動したことを思い出す。その後バースには、2017年までに5回ほど訪れた。

12.18.93

Study Points

1. イギリスとフランスで庭園の様子が異なるのはなぜか？
2. 庭園と政治はどのように関わっているのか？
3. ピクチャレスクとは何か？
4. スケッチすることはなぜ広まったのか？
5. 風景式庭園と幾何学式庭園にはどのようなものがあるのか？

BATH. CIRCUS.

Reference Books

川崎寿彦、楽園と庭　イギリス市民社会の成立、中公新書、1984
川崎寿彦、庭のイングランド、名古屋大学出版会、1997
川崎寿彦、森のイングランド、平凡社、1997
高山宏、近代文化史入門　超英文学講義、講談社学術文庫、2007
B. スタフォード（高山宏訳）、実体への旅　1760年—1840年における美術、科学、自然と絵入り旅行記、産業図書、2008
岡田温司、グランド・ツアー　18世紀イタリアへの旅、岩波新書、2010
SD198404　特集　庭園　虚構仕掛のワンダーランド、鹿島出版会、1984

第4講　風景の誕生とピクチャレスク（視覚革命 3）

前々回、前回に引き続き、私たちのものの見方つまり近代的思考方法が変わっていく過程を、風景という概念の誕生とイギリス、フランスの庭園（ランドスケープ）に見ていきます。単に庭園の設計ではなく、国家のあり方までそれらが影響していることを指摘したいと思います。

今回はこれら2枚の庭園の写真を見てください【図1】【図2】。これらを比べてみてどのように感じますか？

> はい、この前、君に当てたので、隣の君

> え、僕ですか？

> え、じゃありません。どう思うか、素直に答えて結構です

> うーんと、左は外国っぽい庭園で、どこかで見たことがありますけど、右は日本にでもあるような自然風の庭園のようです

そうですね。彼が答えたように左の庭園は有名なパリ郊外にあるヴェルサイユ宮殿です。行ったことのある人がいるかもしれません。観光地として有名ですね。宮殿の中にトイレがないことでも知られており、もしかするとみなさんの中でも困った人がいるかもしれません。ヴェルサイユ宮殿が建てられたのは、太陽王ルイ 14 世の時代で 1682 年です。前の講義で扱った自画像といった、それまでの絶対的価値観の揺らぎが出てきた時代ですが、彼は、「画家がなんで自分の絵などを描いているのか、けしからん。描くのは朕だけで良い」と言ったかどうかは知りませんが、プロテスタントによる宗教改革を含めて、よからぬ方向に向かう世の中を圧倒的な力と富でもって軌道修正し、自分は神から権力を授かったとして、カトリックを前面に出してフランスを支配した王様です。

ところで、おそらく多くの学生にとって世界史がよくわからない、難しいと思う原因の一つは、フランスやイギリスの王様の家系がコロコロ変わったり、あるいは一緒になったりしていることだと思います。それは日本が特別で、今回新しく即位した天皇は、途中、南北朝に分かれたとはいえ、第 126 代目という世界で最も長く続いている家系であるので余計、ヨーロッパの王家を見ると、え、敵同士じゃないのというケースが多々あります。例えば現在のイギリス王室は、血はわずかにつながっているのですが、18 世

【図1】ヴェルサイユ宮殿庭園

【図2】スタウアヘッド庭園

紀初めに北ドイツの街ハノーヴァーからやってきた生まれも育ちもドイツで、しかも英語が話せないジョージ1世、はやい話外国人の王です。200年後、第一次世界大戦で敵国の名前ハノーヴァー朝という名前がついた王室は如何なものかということで、王宮があるウィンザーにちなんでウィンザー朝といういかにもイギリス的な名前に変更したのでした。もし世界史の図説か何かでアルバート公の妻、つまりヴィクトリア女王の系図を見ていただければ、他の国の王室と親戚関係にあり、イギリス王室こそイギリスという国を象徴しているのだ、というのが血統を見る限り作られたイメージだとわかります。いずれにせよ、ヨーロッパの王家の歴史は、ほとんどが権謀術数、貴族や別の国の王家との政略結婚によって自らの血統を維持し領土を増やしていくという歴史です。

このブルボン家は、元はと言えばフランスではなく、牛追い祭りで有名なスペインの町パンプローナがあるナバーラ州の出身です。プロテスタントのユグノー教徒による反乱などをきっかけに、それまでのヴァロア朝が途絶え、ブルボン家からアンリ4世としてフランスにやってきたのです。それゆえ、20世紀になって共和制やフランコ独裁国家となるスペインですが、日本でのサッカーの天皇杯に当たるところのコパ・デル・レイで優勝カップを渡すのが、現在まで続いている王家のブルボン朝であります。そういえば図説資料などに載っているルイ14世の顔と一つ前のスペイン国王フアン・カルロス1世の顔はよく似ています。織田信長とフィギュアスケートの織田信成がなんとなく似ているのと一緒です。

ヴェルサイユ宮殿の庭園の特徴は、**フランス幾何学式庭園と言われるように、神＝王の目線によって自然を支配し、第2講で取り上げた線遠近法にあった絶対的視点＝消失点を復活させた人工的な庭園**です。王の権威が庭園の規模に反映しておりとにかくでかい。なんせ庭園の中を車で移動するぐらいですから。ところで、ヴェルサイユ宮殿ができるきっかけとなったのは、実はルイ14世の嫉妬心からなのです。当時、財務長官をしていたニコラ・フーケが自分のお屋敷であるヴォー・ル・ヴィコンテでのパーティーにルイ14世を招待したところ、あまりにの豪華さに朕より大きい屋敷に住むとは何事だと、先ほどの自画像の対象は朕だけでいいと言ったかもしれない同じ理由で、フーケをクビにしてしまいます。でも、フーケの屋敷の庭園を設計したアンドレ・ル・ノートルを自分のお抱えのランドスケープ・アーキテクトとしてちゃっかり雇います。建築の歴史においては、このような妬みや羨みによって多くの建築物や記念物が建てられてきたのでしょうが、ヴェルサイユ宮殿はその最たるものと言えるでしょう。このような人間の悲喜劇や葛藤などと一緒に勉強すると歴史が楽しくはなるのですが、3面記事ネタばかり話しても物知りオタクにはなりますが、頭は良くなりませんので、もう少し建築的な話をします。

いわゆる西洋建築史でいうと、このヴェルサイユ宮殿が作られた頃の建築や都市のデザイン

【図3】バロック都市ローマ鳥瞰図

の特徴はバロックと呼ばれております。バロック自体の意味が歪んだ真珠ということですが、こと都市デザインに関しては、16世紀後半から17世紀にかけて、サックド・ローマ（ローマの略奪）にあい、破壊されたローマの再建と、反宗教改革としてカトリックの巻き返しを意図するローマ教皇たちの号令のもと行われた、ローマにおける都市計画をバロック都市のデザインといい、軸線を通し広場などの公共空間を造ったり、ローマ時代のオベリスクなどのモニュメントを都市のアイストップに取り込んだ都市改造が行われます。ポポロ広場、スペイン広場やクアトロ・フォンターネ教会、バチカンの広場、クィナーレ広場などがその時代に建てられました【図3】。

【図4】ヴェルサイユ宮殿地図

これらのローマのバロック都市に使われた軸線の強調や放射状の街路配置などが、そのままヴェルサイユ宮殿に適用されます【図4】。特にポポロ広場の放射状の広がりの配置は、ヴェルサイユ宮殿の敷地の外の街区の構成と同じで、宮殿の内部と外部を合わせ鏡のように配置しており、ここには自然と人工物である建築との対比が表徴されております。軸線上の中心となるのはルイ14世の寝室であり、合わせ鏡の役割をしているのが、鏡の間と言われる大広間なのです【図5】。**このようにルネサンス以降の建築家たちは、自分たちの時代に先行する建築や都市計画を解読して、巧みに取り入れ、パトロンである王の思想を建築や庭園の姿に反映させていきます。**

【図5】ヴェルサイユ宮殿鏡の間

車で移動するほど広大な敷地を有するヴェルサイユ宮殿ですが、その中にプチ・トリアノンという離宮があります。これはフランス革命時の王ルイ16世の王妃であった、あのマリー・アントワネットのために建てられたものです。マリー・アントワネットは前述したヨーロッパの王家のあり方を象徴するように、ブルボン朝と敵対していたオーストリア・ハプスブルグ家との7年戦争で、外交革命と言われた両家の同盟に対して裏切りを防ぐため、いわば人質として嫁がされたのでありました。でも結局は母親でありパプスブルク家の女王であったマリア・テレジアの政策がうまくいかず、フランス革命時にギロチンで命を絶たれます。

なんともかわいそうな方ではあるのですが、彼女が引きこもりに使っていた別荘が、プチ・トリアノンです。新古典主義建築と言われる様式で、ここにも古典建築の持つ規範に忠実に則った建築が再現されております。このように庭園を含めたヴェルサイユ宮殿の建設には、王の絶対的権力の保持という政治的な意味合いが含まれており、樹木や川など自然でさえ、すべてコントロールするという王の強い意志が表現されています。

一方、もう一つの庭園は、ヴェルサイユ宮殿のものとはだいぶ様子が違いますね。ヴェルサイユ宮殿のように整備された庭園ではなく、自然の中にある庭園のようです。というより自然そのものという感じがします。この庭園は、古代ローマ時代に温泉好きのローマ人によって造られ、テルマエ・ロマエならぬテルマエ・ブリタニアとして栄えたイングランド西部の街バースから車で1時間くらいのところにある、1725年にコーレン・キャンベルが設計し、ナサニアル・アイルソンによって造られたスタウアヘッドという庭園です。ちなみにこの街がバースという名前だったからお風呂のことをバス（Bath）というようになったのです。もしこの街がロンドンだったなら、今頃お風呂のことをロンドンと呼んでいたはずです。

君たちが自然の風景の一部と感じたように、このような庭園をイギリス風景式庭園と言います。英語では Landscape Garden といい、日本でも最近は、公園や歩道、緑地などを設計することをランドスケープ・デザインと呼んだりしていますので、君たちもこの言葉を聞いたことがあるでしょう。前述したヴェルサイユ宮殿の庭園部分を設計したのがランドスケープ・アーキテクトのル・ノールでした。欧米では現在でも、ランドスケープ・アーキテクトという職能があります。これは日本で言うところの庭師とは異なり、都市計画家や修景デザイナーだと考えられています。

しかし、このスタウアヘッドが造られた18世紀のイギリスにおけるランドスケープ・アーキテクトは、むしろ明治から大正にかけて活躍した日本の作庭家、庭師である7代目小川治兵衛に近いのではと思います。前述したキャンベルとアイルソンは、実はそれほど有名ではありませんが、もう一つのオックスフォード近郊にあるストウという同じ風景式庭園は、有名なランスロット・ブラウンが造園しました。様々な能力があることから彼はケイパビリティ・ブラウンという名前で呼ばれておりますが、**彼を含めた18世紀のランドスケープ・アーキテクトは、敷地や周辺の自然や土地を注意深く読み取り、どのように地面を成形して、水を流し、あるいは植栽を**

【図6】クロード・ロラン　ローマの田舎

刈り込めば、どのような印象を施主に持たせることができるのかを熟知し、また、自らデザインした庭園によって施主の社会的様式を演出し、提供する役割を担っていることが重要視されたのです。

つまり、庭園のデザインは、大げさに言えば、イギリスという国家の政治や経済といった社会構造を反映させたものと考えられていました。それゆえ、イギリスを近代化の手本と考えた日本において重要な役割を果たした政治家である山縣有朋や住友財閥15代目の住友吉左衛門友純らにとって、近代的日本を示すためにも自ら造る庭園は重要であり、施主である彼らから依頼を受けた小川治兵衛はそのことを理解していたと考えられます。

イギリス風景式庭園に対して、ヴェルサイユ宮殿の庭園をフランス幾何学式庭園と呼びますが、まさにこの二つの庭園のあり方の違いが、英仏の考え方や政治・思想の違いを反映しております。**フランスの庭園は絶対的な神＝王の視点で構成されているのですが、イギリスの庭園は、神＝王の視点ではなく、そこを歩く人間の視線で構成されています。政治形態で言えば、絶対王権主義のフランスに対して、議会制民主主義のイギリスの違いといえます。**さらにイギリスの風景式庭園の特徴を表す「ピクチャレスク」という重要な概念があります。日本語訳が難しく、ピクチャレスクとカタカナで訳している場合がありますが、原義で言うならば、「絵のような」ということです。いきなり「絵のような」と言われても、何が主語なのかがわかりません。実はこの風景式庭園が造られる上で、ピクチャレスクという考え方がないとそれらは存在しないくらい重要な概念なのです。

風景式庭園の「風景」とは、生涯イタリアで暮らしたフランス人のクロード・ロランという画家が描いた風景画のことを指します【図6】。彼によって描かれた風景画と同じ風景を庭園として再現したのが、イギリス風景式庭園なのです。18世紀イギリスの貴族達は、こぞって画家や建築家などの家庭教師を連れてヨーロッパ、特にイタリアにグランドツアーとして出かけます。そこで廃墟となっているローマやフィレンツェ、第3講で取り上げたパッラーディオの建築を見物しに行くのです。ただ見るだけでなく、お抱えの画家や建築家に説明を受けたり、**彼らにスケッチさせ記録を取らせます。**またパッラーディオの作品集やピラネージの版画、ロランの絵画などを買いあさり、イギリスに帰国します。なんだか30年くらい前のパリの高級店に押し寄せる日本人観光客みたいですね。

しかし、このいわば文化的移入によって、18世紀以降、それまでパッとせず垢抜けなかったイギリスの建築や街、また絵画など芸術の分野が、一挙に花開くことになり、19世紀風景画といえばジョン・コンスタブルやジョセフ・マロード・ウィリアム・ターナーなどイギリス人画家の独壇場になります。建築や街並みもグランドツアーに同行したロバート・アダムやジョン・ウッズ親子、ジョン・ソーンなどによって、前述したようにパッラーディオ風の建築や、これも前述したバースやロンドン、スコットランドのエディンバラなどに、サークル（円形）やクレセント（三日月形）の形をした美しい街並みが造られます。

イギリスの貴族達は、グランドツアーに行った証としてイギリスの自邸の部屋に窓の外にイタリアの風景が見えている肖像画を画家に描かせます。まるでその絵が実際の窓から見えているイタリアの風景のように見えるのです。今でもピクチャーウィンドーと言って、美しい風景が見えるようにわざとそこに窓を開けることがよくありますが、**まさに風景をフレーム化すること、風景を風景として捉える「風景の意識化」が行われるようになります。このような風景のフレーム化＝意識化という行為自体を「ピクチャレスク」というのです。**

スタウアヘッドあるいはストウに話を戻すと、庭園を散策ルート上に、展望ポイントとして、クロード・ロランの絵画と同じ構図、同じ風景をいくつかの地点で楽しめるように、デザインされていきます。それは、ギリシアの神殿やパゴダだったり、グロッタと言われる洞窟だったり、パッラーディアンブリッジと言われる橋だったりと、気候風土がイタリアとまったく異なるイギリスの田園にイタリア風の風景が再現されることになります【図7】。

さらに、この大金持ちの貴族が造ったこれらの庭園を今度は小金持ちの田舎の貴族が、同じようにお抱えの画家にスケッチさせ、それと同様の風景式庭園を自分の地元に造り出すという、ある意味、コピーのコピーという倒錯的な絵の立体的シミュレーションが行われるのです。この画家が行うスケッチが、一般にも普及し、スケッチャーと言われ、エクスカーションとしてスケッチを楽しむ行為がブームとなります。しかもクロードグラス【図8】というセピア色で楕円形の形をした鏡に映った風景をクロード・ロランの絵のようだと言って、喜んでスケッチするのです。少し考えると正面に見ているのではなく背後の風景をスケッチしているという不思議な光景が展開しています【図9】。

イギリスでは水彩スケッチが非常に盛んで、美術評論家

ジョン・ラスキン、首相だったウィンストン・チャーチル、チャールズ皇太子など、プロ級の腕を持っている人が大勢います。この講義のねらいの一つであるスケッチトレーニングも第1講で話したスケッチの効用の一つである、建築をフレーム化するピクチャレスク的能力を持つために行っているとも言えます。さらにこの「ピクチャレスク」という行為は、19世紀以降の文学や芸術に取り入れられ、特に20世紀の集合住宅の配置計画や街区計画において、応用されていきました【図10】。

まとめましょう。18世紀イギリスにおいて、ヴェルサイユ宮殿に見られるフランス幾何学式庭園に対抗して、自然のように見せるイギリス風景式庭園が、イギリス全土に造られるようになりました。そこには、庭園自体のデザインに、その国が有する政治や経済の仕組みや遠近法を含めた近代的な物の考え方が反映されていました。特にイギリス風景式庭園は、18世紀から始まったイタリアへのグランドツアーで入手した、クロード・ロランを中心とした絵画に描かれた風景と同様の風景を再現したものであり、その背景には風景を風景として意識化すること、フレームの中に風景を収めること、スケッチをしてそれを表象化すること、すなわちこれらの行為自体を「ピクチャレスク」と呼んで、19世紀以降、建築、都市デザイン、文学、芸術の領域に応用されていくことになります。

【図7】スタウアヘッド配置図

【図8】クロードグラス

【図9】クロードグラスでスケッチする様子

【図10】ピクチャレスクな計画　ロンドン・ローハンプトン集合住宅団地

Sketch Workshop Lecture 4

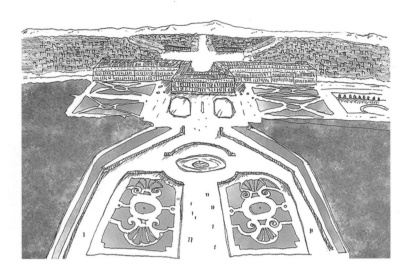

L4-001　笹川武秀　作
所在地：パリ　設計者：アンドレール・ノートル　他
ヴェルサイユ宮殿 1624-1772

L4-002　小竹広大　作
所在地：パリ　設計者：A.J. ガブリエル
プチトリアノン 1762-64

L4-003　小竹広大　作
所在地：ウィーン　設計者：N. パカッシー
シェーンブルン宮殿 1696-1750

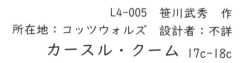

L4-005　笹川武秀　作
所在地：コッツウォルズ　設計者：不詳
カースル・クーム 17c-18c

L4-004　小竹広大　作
所在地：バース　設計者：J. ウッド・ヤンガー
ロイヤル・クレセント 1767-74

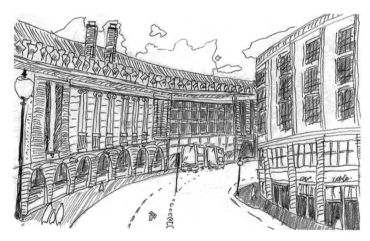

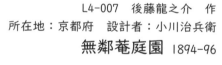

L4-007　後藤龍之介　作
所在地：京都府　設計者：小川治兵衛
無鄰菴庭園 1894-96

L4-006　笹川武秀　作
所在地：ロンドン　設計者：J. ナッシュ
ロンドン・リージェンツ・ストリート 1812-28

T西方への旅 1
Toscana+Rome+South Italy

トスカーナ、ローマと南イタリアをめぐる旅

トスカーナからローマそして南イタリアで紹介するスケッチの旅
は、4種類の旅の時間と空間が混ざり合っています。

1. サン・ジミニャーノ 全景

2. サン・ジミニャーノ 街並み

3. サン・ジミニャーノ 街並み 2

4. シエナ 全景

1図から6図は、イギリスに留学中の1994年9月にトスカーナ地方の山岳都市である塔の街として有名なサン・ジミニャーノ、外部空間として素晴らしいカンポ広場がある街シエナ、そして修道士聖フランチェスコの街アッシジを訪れた旅です。いずれも地形の変化と建築が織りなす空間的ドラマに感動しました。この時は鉛筆を使って優しいタッチで描いております。

Pza del Comune. Assisi

5. アッシジ 全景

6. アッシジ 街並み

ペルージャ.
水彩物. 2013.8.30

ペルージャ.
2013. 8.30

ペルージャ.

7. ペルージャ 街並み

8. サン・ピエトロ大聖堂

ペルージャ 街並み

Rome

オスティア遺跡

サン・ピエトロ大聖堂
コロッセオ
フォロ・ロマーノ
ポポロ広場
カンピドリオ広場
クワトロファンターネ教会

7図から14図は、2回目となった大学の研修旅行でスペインバルセロナの後に訪れたローマと1日バスを借りて出かけたペルージャの街並みです。印象に残っているのは古代ローマ時代の居住跡が残っているローマ近郊にあるオスティアで、アーチやさまざまな煉瓦積みの工法を見ることができました。

9. コロッセオ

10. フォロ・ロマーノ

11. トラヤヌス帝マーケット＋カンピドリオ広場＋ポポロ広場

12. クワトロ・ファンターネ教会

13. クワトロ・ファンターネ教会＋オスティア遺跡

14. オスティア遺跡

16. アルベロベッロ 街並み遠景

15図と16図は、2006年8月、最初の大学の研修旅行としてギリシア
とイタリアを訪れた際に、1986年の一人旅とは逆のコース、つまり
ギリシアから船で南イタリアに渡り、バスで訪れたアルベロベッロの
集落を描いたスケッチです。この時はこの後にマテーラに学生を連れ
て行きました。1986年の旅の時はここは訪れることができませんで
した。石を円錐形に積み上げた帽子のような屋根を持つ集落の不思議
さに、学生と一緒に驚きました。

17図と18図は、学院生時代の1986年4月の南イタリアプーリア州
マテーラを訪れた旅です。この時は一人で40日間のヨーロッパとモ
ロッコ、トルコを巡った旅でした。ギリシアに渡る前にこのマテーラ
をどうしても見たくなり、ようやく慣れてきた筆ペンを使って大胆な
線で描いたスケッチです。筆ペンを使うことで、マテーラの造形をう
まく表現できたと思います。

18. マテーラ 街並み

17. マテーラ 全景

Lecture5

2006 年 40 名ほどの学生を引率した研修旅行のローマでの自由時間に、学生数名と訪れたハドリアヌスの別荘にあった廃墟を描いたスケッチ。ローマの中心フォロ・ロマーノとは異なる、あたかも時空を超え造られたかのような庭園に感じられた。

Study Points

1. ソーンのドローイングはなぜ不思議なのか？
2. 廃墟に込められた意味とは何か？
3. 廃墟の魅力とは何か、その時代背景とは？
4. 崇高という感覚はどのようなものなのか？
5. ソーンの自邸とはどのようなものなのか？

Reference Books

高山宏、近代文化史入門　超英文学講義、講談社学術文庫、2007
B. スタフォード、実体への旅（高山宏訳）1760 年ー 1840 年における美術、科学、自然と絵入り旅行記、2008
岡田温司、グランド・ツアー　18 世紀イタリアへの旅、岩波新書、2010
加藤耕一、時がつくる建築　リノベーションの西洋建築史、東京大学出版会、2017
磯崎新、篠山紀信（写真）、サー・ジョン・ソーン美術館、19 世紀（磯崎新の建築談義 11）、六曜社、2004
高山宏、カステロフィリア　記憶・建築・ピラネージ、作品社、1996

第5講　記憶装置としての廃墟と遺跡

【図1】イングランド銀行鳥瞰図

　今回は最近、写真集としてよく書店で見かける廃墟と遺跡を取り上げます。一体いつから廃墟への趣向が生まれたのか。これも実は前回までの視覚革命があった18世紀以降と言われています。廃墟や遺跡が建築行為とどのような結びつきがあるのかを問いかけます。

　今回も前講に引き続き、イギリス人建築家ジョン・ソーンの右腕であったジョセフ・ガンディによるドローイングを見てみましょう【図1】。

> これはどのように見えますか？
> いつも前の方にいるあなた

> 廃墟みたいです。建物が壊れているように見えます

> 場所はどこだか想像できますか？

> わかりませんが、よく見ると右上に教会の尖塔が見えているようなので、どこかの丘の上にあるのでしょうか？

　いいところに気づきました。このドローイングは、ソーンの代表作であるイングランド銀行設立100周年を記念して描かれたものです。それにもかかわらず、建物が年月を

経て、廃墟となってしまった姿の絵にどうしたって見えます。この絵を贈られたクライアントであるイングランド銀行にとってみれば、イングランド銀行がこの先潰れて、廃墟になりますと言われているようなもので、気分を害したに違いありません。いやもしかすると、ブラック・ユーモアが好きで自虐的なイギリス人、「おもろいやんか」と（なぜか関西人的ノリですが）気に入ったのかもしれません。

　ところでイングランド銀行は、主に16世紀半ばから覇権を争っていたオランダ、フランスに対して戦費調達のための国債の発行など経済的な安定を図るために設立されました。どうしてソーンにその設計が任されたのでしょうか。実はソーンがグランドツアーとしてイタリアを訪れた際に、その後首相となるウィリアム・ピットと、その兄がイングランド銀行の総裁となるリチャード・ボサンケットと友人関係になれたことによります。

　このように当時建築家にとってグランドツアーは、イタリアの古典建築に触れること以上に、上流階級や政治家との関係を築く上できわめて重要でありました。私もイギリスへ留学した際、エディンバラの英語学校で、当時日本銀行からロンドン経済大学（LSE）に留学していた人と知り合うことができ、一緒にスコットランドを旅行したり、ロンドンに移動してからも1週間ほど彼のフラットに泊めてもらい、その後も4回の引越しのうち2回ほど、彼の車（BMWだった）で荷物を運んでくれました。残念ながら今は関係はありませんが、もし建築家として私が独立していれば、強力なコネクションになったかもしれません？閑話休題。イングランド銀行の設計をグランドツアーで知り合った友人に依頼されたソーンは、既存の建物を30年ほどをかけてリノベーションしながら設計と建設をくりかえし、現在の大きさになっております【図2】。

【図2】イングランド銀行増築経緯を示す平面図

同じく留学している時、よくBBCテレビで放映されているコメディードラマを見ていました。特に気に入っていたのが、「One Foot in the Grave」というタイトルのドラマで、リチャード・ウィルソンとアネット・クロスビー演ずる定年後の夫婦をめぐる日常のドタバタです。彼らの話す英語が、さすがに有名な役者だけあって、ブリティッシュアクセントの英語なので（と言ってもウィルソンはスコットランド出身ですが）リスニングの練習にもなりました。それはいいとして、そもそもタイトルが「墓の中に片足入れている」というぐらいで、もうタイトルからして既に自虐的です。その老夫婦は、基本的には平穏でごく普通の生活を送っているのですが、それが普通だからこそ、どこにでもありえて、しかも少し考えるとなんともおかしな行動であることを浮き彫りにします。このドラマを見ている実際のイギリス人老夫婦も、自分たちを傍目から見ているようで、それゆえに笑われている自分を笑うといった感覚で、失笑しているに違いないでしょう。もしこれを日本で放送すると老人を馬鹿にするなと本気で怒ったり、それこそ気分が悪いと言ってチャンネルを変える人がいるように思います。ここら辺がイギリス人はなんとも懐の深い人たちだと感じます。話を戻します。なぜこのような絵をソーンはガンディに描かせたのでしょうか？

この廃墟風の絵が描かれたのも18世紀という時代をよく表しております。今まで指摘してきたように、18世紀は15世紀のルネサンスに続き、ものの見え方、つまりものの思考方法が大きく変わる時代であります。ものの見え方が人間の思考方法にとっていかに重要であるかは、フランス語の「見る」という動詞 [voir] を見てみるとよくわかります。物事を理解するという動詞は [savoir] であり、持つ・所有するという動詞は [avoir] と言います。これでわかるように、物事を「理解する」前提には「所有する」必要があり、その前提には「見る」必要があるのです。

またまた私事で恐縮ですが、留学時代ロンドンのサウスケンジントンにあるインスティテュート・フランセで、イギリス人に混じって少しフランス語をかじったことはあるのですが、フランス語の「見る」と「所有する」と「理解する」の関係を、私の学生時代1980年代に、『目の劇場』という表紙が18世紀フランスの幻想の建築家、クロード・ニコラ・ルドゥーによるドローイング「ブザンソン劇場の内側を映す眼」【図3】である本を出版し、その後影響を受け続けた超英文学者（ご本人がそう言われている）高山宏による『近代文化史入門−超英文学講義』で知って、眼から鱗が落ちました。あ、この本と彼がプロデュースして高山宏セレクションとして復刻されたアメリカの文化史家ワイリー・サイファー（野島秀勝訳）による『文学とテク

ノロジー』（2012）も、ちょっと難しいですがこの講義の参考文献として紹介します。

18世紀に起きた視覚革命は、その時代を表象する言葉「啓蒙主義＝ enlightenment」に直接結びついております。「enlighten」すなわち暗い部分に明かりを灯し、照らし出すことによって、それが何かを見ること、そしてそれを手にとって、他のものと区別し分類することで、それが何であるのかが理解できるというのが、先ほどの三つのフランス語の動詞の意味です。

ただ、「手にとって」、「理解する」ことの間に「分類・区別する」ことが入っていることを忘れてはいけません。これがすなわち18世紀に生まれた博物学＝ Natural History ＝博物誌という分野です。イギリスは、当時、世界中に植民地を持っており、特に熱帯地域から様々な植物をイギリスに持ち込み、そのために鉄骨とガラスを用いてグラスハウス＝温室（コンサバトリーとも言います）を建て、その中でそれらを育てながら研究調査するのです。この鉄骨とガラスでできたグラスハウスの建設については後半の講義で取り上げますが、前回に紹介したソーン博物館の近くにある大英博物館こそ、1753年、現在のロンドン大学のそばのブルームスベリーにあったモンタギュー・ハウスにおいて、医師ハンス・スローンのコレクションをもとに、イギリスで最初にできた博物館なのです。

一方、この18世紀は、啓蒙主義という人間の知性と理性とは異なる感性や感情についても注目された時代で、aesthetic エステティック＝美学、審美学、感性学と言われる分野が、1750年、ドイツ人の思想家アレクサンダー・ゴットリーブ・バウムガルテンの同名の著作によって定義され広まります【図4】。現代においても美学は美術史や哲学史の領域で扱われますが、ル・コルビュジエの2番目の日本人の弟子である建築家の坂倉準三は、東京帝国大学文学部において美学を専攻しておりました。というように、美学を学ぶことは建築や芸術に関わるものにとって、その設計思想基盤を作る重要なトレーニングだと私は考えております。前回取り上げたピクチャレスクは、まさに18世紀のイギリスにおいて、美学に関する思想を展開するエドモンド・バーク【図5】やウヴェデール・プライス【図6】という思想家によって、他の beauty= 美、sublime= 崇高といった概念との違いを含めて、彼らの著作で議論されております。

そして、このものが壊れている様子、すなわち廃墟という概念もピクチャレスクと同様、18世紀に取り上げられ

【図3】ルドゥー目の中の劇場

【図4】バウムガルテン著作表紙

【図5】バーク著作表紙

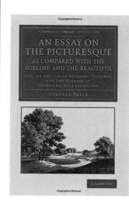
【図6】プライス著作表紙

41

ます。皆さんは、前回の講義でイギリス風景式庭園の中に、廃墟やグロッタという洞窟が配置されていたことを覚えていますか？なぜ廃墟に人々は魅せられるようになったのでしょうか。

その理由の一つは、これもグランドツアーによって、イギリス人たちが視覚的・感性的に目覚めたのだと思われます。彼らは、5世紀まで西ローマ帝国の首都として栄え、その後東ローマ帝国としてローマの中心が現在のイスタンブールであるコンスタンティノープルに移ることで、廃墟となってしまったローマの姿を目の当たりにしたのです。今ここには、皆さんも知っているコロッセオやコンスタンティンの凱旋門、カラカラ浴場などの廃墟や遺跡があり、「フォロ・ロマーノ」と言われています。当時ここを訪れたイギリス人は、今の私たちが感じるのと同じように、これらの廃墟や遺跡を見て、1200年という時間の長さや文明の儚さを想起したはずです。廃墟にはこのように過去を思い描くというロマンティックな感情を起こさせる力があります。すなわち、**建築は人間にとって記憶装置の役割を果たしている**のです。これが19世紀になりドイツやイギリスにおいて自らのルーツをギリシアやローマ、あるいは12世紀のゴシックに理想の社会を見いだすという、文学や芸術におけるロマン主義という潮流につながっていきます。

もう一つの理由は、ちょうど美学という感性が生まれてきた18世紀の半ば、1755年に、ポルトガルのリスボンで大地震が発生します。津波による死者1万人を含む、5万5千人から6万人が犠牲になったと言われ、リスボンの建物はほとんど廃墟となってしまいました。リスボンでこの地震に遭っておらず、また当事者でない他の国の人たちにとって、これらの災害はある種の興奮や喜び、自分は遭わなくてよかったという安堵感を生み出しいきます。**ガンディによるソーンのイングランド銀行の廃墟ドローイングは、ピラネージにそのインスピレーションを得ながら、ものである建築を含め、人間という存在の儚さを浮き彫りにするものでありました。これが崇高 (sublime) といわれる感性**です。

この sublime の語源は sub ＝下、lime＝リンテルすなわち楣（まぐさ）の下を意味しております。楣というのは建物のどこか、当然、建築学科の学生であれば知っていますよね。この漢字からも想像できると思いますのであえて質問しませんが、木偏に眉、つまり大きな開口部の上を支える横架部材のことです。ほら眉のようでしょう。楣の下は部材か何かが落っこちてきそうで不安になります。そのド

キドキ感とでもいうのでしょうか。自分は安全であるという保証のもと、精神的に高揚させること、これが崇高という感情を意味します。

廃墟や遺跡はこのように過去を偲ぶロマンティシズムという感情の中、地震などの災害によって、自分は無害であるというある種の安堵感を前提として起きる精神的高揚感、そして今まで堅牢であった建築物が地震でいとも簡単に壊れてしまうという不安感と絶望感が生み出されます。そしてこのようなロマン主義的な見方は、安定的で絶対的なもの、すでに取り上げた一点透視図法に見られる世界、すなわち古典主義に対して、人間の感情とはそれとは異なるんだという批判的精神を醸成していくことになります。**18世紀以降の西洋文化の二分法は、基本的にはこの古典主義対ロマン主義に基づいており、20世紀のモダニズム建築対ポストモダニズム建築という対立もこの構造のくりかえし**となります。これについてはまた後の講義で取り上げます。

イングランド銀行の廃墟風ドローイングに話を戻します。ソーンの説明によれば、屋根をとった状態で、中の様子がわかる絵ということですが、この絵はもっと高い位置から描いており、その手前には木立の隙間に彫刻が転がっているのが見えます。また、右上を見ますと、先ほど彼女が指摘したように、教会の尖塔や建物の上部が見えております。実際、イングランド銀行のあるシティ地区には、17世紀における最も著名な建築家であり、天文学者であったクリストファー・レンによってセント・ポール大聖堂を中心に、このような尖塔を持つ教会が建てられております。しかしながら、そもそもイングランド銀行があるシティ地区はほぼ平らな土地であり、この絵のような高台はありません。それにもかかわらず、左下を見ると明らかに崖のような表現がなされており、アテネのパルテノン神殿があるアクロポリスのような丘の上に建っていると想定できます。左上をよく見ると雨が降りしきっている様子が描かれております。

【図7】イングランド銀行廃墟画

この他にもイングランド銀行を描いたドローイングがあります【図7】。これは廃墟風ではなく、廃墟そのものなのです。実はこの絵はソーンがイタリアへのグランドツアーで影響を受けたイタリア人銅版画家であるバッティスタ・ピラネージによって印刷された一連のローマにある実際の廃墟建築物の版画をもとに【図8】【図9】、このドローイングを描いているのです。これもガンディによるものですが、ソーンがローマで目にした1200年の時を経た廃墟と同様の時間が流れたイングランド銀行の姿を再現したものであると推測します。

【図8】ピラネージ廃墟画1　田舎の墓

【図9】ピラネージ廃墟画2　ハドリアヌスヴィラ・浴場

しかし、1818年の竣工の110年後、第一次大戦後、1925年からソーンによるイングランド銀行のホールは、空調関連の規制によって解体され、新しく改築されることとなりました。その時に撮られた写真は、驚くことにそれが廃墟図にそっくりであります【図10】【図11】【図12】。すなわち、ガンディが描いたソーンのイングランド銀行のこれらのドローイングは、偶然とはいえ、前述したようにハノーバー朝からウィンザー朝という名前に変わるきっかけとなった、第1次世界大戦という人類最初のトータルウォー（総力戦）というカタストロフィーの後、解体を余儀なくされた姿を予言した絵として捉えることができるのです。

まとめましょう。18世紀における新しい感性、すなわち廃墟に対する嗜好は、空間的芸術である建築に、当時イギリス人がグランドツアーで見たローマの廃墟建築が、記憶装置として有する過去から流れる時間を想起させ、文学や芸術におけるロマン主義的感情を生み出すことになります。時を同じくして、当時発生したリスボン大地震で発生した津波と揺れによって、都市や建築がもろくも崩れ去ってしまうと同時に、自分は安全であるという安堵感がいわゆる崇高という感性を生み出していきます。ガンディによるソーンのイングランド銀行の廃墟ドローイングは、ピラネージにそのインスピレーションを得ながら、ものである建築を含め、人間という存在の儚さを浮き彫りにするものでありました。

【図10】イングランド銀行
預金課

【図11】イングランド銀行
解体風景1

【図12】イングランド銀行
解体風景2

Sketch Workshop Lecture 5

L5-001　瓦林由衣　作
所在地：ローマ　設計者：不詳
フォロ・ロマーノ BC4c-AD2c

L5-002　小竹広大　作
所在地：サレルノ　設計者：不詳
ポセイドン神殿（パエストゥム） BC550

L5-003　林夏摘　作
所在地：アテネ　設計者：フェイディアス
パルテノン神殿 BC447-432

L5-005　瓦林由衣　作
所在地：ティヴォリ　設計者：カノープス
ハドリアヌスの別荘（カノープス、コロネード島のヴィラ）118-133?

L5-004　木村莉彩　作
所在地：セゴビア　設計者：不詳
セゴビアの水道橋 AD1c

L5-007　小山裕史　作
所在地：広島県　設計者：ヤン・レンツェル
原爆ドーム 1915

L5-006　山本未来　作
所在地：長崎県　設計者：不詳
軍艦島 1914-1964

Lecture6

1986 年 3 月一人旅で立ち寄ったミラノのカテドラルとガレリアを描いたスケッチ。ゴシックのもつ垂直性と山形の全体構成が見て取れる。この頃から意識的に人間を描きこみ、スケール感を身につけようとした。

Study Points

1. ゴシックとクラシックとの違いとは何か？

2. 19世紀におけるナショナリズムとは何か？

3. ラスキンはなぜゴシックを重要視するのか？

4. 建築における伝統とは何か？

5. ゴシックあるいはクラシックがどのようにモダン・デザインとつながるのか？

Reference Books

B. アンダーソン（白石隆他訳）、想像の共同体 ナショナリズムの起源と流行、書籍工房早山、2007
エリック・ホブズボウム他編（前川啓治他訳）、創られた伝統　紀伊国屋書店、1992
クリス・ブルックス（鈴木博之他訳）、ゴシック・リバイバル（岩波世界の美術）、岩波書店、2003
塩川伸明、民族とネーション－ナショナリズムという難問、岩波新書、2007
福井憲彦、近代ヨーロッパ世界を変えた19世紀、ちくま学芸文庫、2010

1986. 3. 31.　DUOMO　MILANO

第6講　創られた伝統　ゴシックvsクラシック

　今回は時代でいうと19世紀の建築を取り上げます。この時代には日本を含めて、王様中心の国から市民中心の国すなわち国民国家が生まれてきます。そのため国をまとめる意味でも伝統や歴史が意図的に創られていきます。特に今回は日本が近代化の模範としたイギリスを見ていきます。

　まずは、この建築の写真を見てください【図1】。おそらく、建築を学んでいない学生でもこれがどこにあり、何であるかはわかるはずです。知っていて欲しいと願っています。

> というプレッシャーを与えつつ、あえて名前は尋ねませんが、どんな風に見えますか？今回はちょっとフェイントをかけて、後ろに座っている君

> え、マジですか

> マジです。この建築を見てどのように感じますか？

> えっと、大きな古い教会、なんていうんでしたっけ、カタドラルですか？

> 惜しい！カタドラルではなくカテドラル

　カテドラルとは司教の座＝椅子という意味です。おそらく西洋建築史を履修した人は習っているはずです。それらの多くが12世紀以降に建造されております。

　覚えていないかもしれませんが、第2講の透視図のところで、15世紀ルネサンスが始まる前の12世紀にもルネサンスがあったと言いました。当時文化的に進んでいたイスラーム世界によってアリストテレスなどのギリシア思想がラテン語に翻訳され、中世ヨーロッパに紹介されたのです。この導入過程において、キリスト教に哲学的な根拠を与えるために神学という学問が始まります。有名なのはトマス・アクィナスという神学者が確立した「スコラ哲学」です。アクィナスは『神学大全』という著作を残しておりますが、このスコラ哲学自体が、三層構成を有した一つの教会建築であると言われております。詳しくは20世紀のドイツの

【図1】イギリス国会議事堂

美術史家である、アーウィン・パノフスキーの『ゴシック建築とスコラ学』【図2】を参照してもらうとして、このパノフスキーについても、第2講で触れたました。誰か覚えていますか？誰もいませんね。もしこの場で答えてくれたら、即この講義の成績に暫定Aをつけたのですが、残念！古代ギリシア時代の絵画における遠近法を魚の骨に似ているので、「魚骨状原理」と名付けた人です。

今回はそのことではなく、12世紀という時代、いわゆる西洋建築史におけるゴシック様式という建築が建てられた中世ヨーロッパに注目します。先ほどのカテドラルをカタドラルと間違った学生も、この建築がゴシックの教会のように見えたわけで、それは正しい見方でありますが、これは教会ではなくロンドン、ウェストミンスターにあるイギリス国会議事堂です。ただし、これが建てられたのは今から800年前ではなく、日本でいうと近代化が始まった150年前の1867年であり、日本が近代国家建設のお手本とした19世紀のヴィクトリア朝のイギリスです。当時イギリスは「パックス・ブリタニカ」と言って、いち早く産業革命を成功させ、綿織物や工業製品の原材料の確保と販売のために、世界中に植民地を持ち、太陽が沈まないと言われ、絶好調の時代でした。

一方、イギリスの永遠のライバル国フランスは、18世紀末のフランス革命以降、ブルボン朝絶対王政が倒れるものの、引き続き、ナポレオンの第一帝政、ブルボン朝の復活、七月王政、第二共和政、第二帝政、第三共和制などとその政体がめまぐるしく変わってしまうことで社会が安定せず、産業・工業や植民地政策においても絶好調のイギリスに差をつけられておりました。

あ、一つ言っておきますが、このイギリスとフランスって仲が悪い国だと思っている人がいると思います。今はさすがにそうではないと思いますが、パリに行って英語でものを尋ねると無視された経験があるとよく聞きます。フランス人はそれぐらいフランス語に対する思いが強い人たちであり、かつては英語ではなくフランス語が国際語として公式の場では使われておりました。でも実はイギリスは、その建国をノルマン人の征服（ノルマン・コンクェスト）の1066年に設定しております。つまり北方からやってきたノルマン人（今でいうとノルウェー人）が北フランスに911年につくったノルマンディー公国のギョーム2世が、ウィリアム1世として、当時イングランドで覇権争いをしていたデーン人やアングロサクソン人から漁夫の利のように掠め獲ってつくった国、これがイングランドなのです。つまりイングランドの祖先はバイキングなのです。

有名な英仏百年戦争は、イングランドとフランク王国による、毛織物で有名なフランドルやワインの産地であるボルドーをめぐる争いでした。今のフランスのパリを除く西半分はイギリスだったのです。当然、イングランドの王家や貴族たちは英語ではなく、フランス語を話し、庶民は英語を話していました。今のイギリスの皇太子はチャールズですが、フランス語読みではシャルル、チャールズ皇太子の次男ヘンリー王子は、フランス語ではアンリです。ついでに言うと、食事に関わる多く言葉がフランス語に基づくのは有名な話です。きみたちもそれらの言葉が何であるか調べてみてください。いずれにせよ、12世紀においてはイギリスとフランスを完全に分けるのは意味がないということです。イギリスとフランスの仲が悪いのは、あまりにも近すぎる、近親憎悪という側面があるからなのです。

その12世紀からフランスを中心に、ゴシック様式の大聖堂が建てられます。ゴシックとはこれも西洋建築史で指摘されたと思いますが、ゴート風という意味です。ゴート人というのは、正確に言うと、これも世界史で習ったでしょうが、4世紀から始まったゲルマン民族の大移動において、黒海北西岸に住んでいた東ゴート族、西ゴート族のことです。ただ、ゴシック様式という場合は、16世紀ルネサンス時代に、その当時の人にとって、一風変わった12世紀以降に建てられた教会建築に対して付けられた蔑称です。つまりこれらの建築は、ギリシア文化をルネサンス＝再生した古典建築と比べると、粗野で野蛮な建築だと見なされておりました。

しかし、この粗野で野蛮な建築にあえて注目したのが19世紀のイギリスでした【図3】。なぜゴシックだったのでしょうか。その理由の一つが、19世紀の時代背景にあると考えられます。19世紀ヨーロッパは、フランス革命、ナポレオン・ボナパルトの失脚後、ハプスブルグ帝国を中心にウィーン体制というフランス革命以前の時代における体制や領土に戻すことが決められました。すなわちフランス、ブルボン絶対王政という古典主義に基づく価値観です。民族が自決して独立してはいけませんよ、旧体

【図2】パノフスキー　ゴシック建築とスコラ学表紙

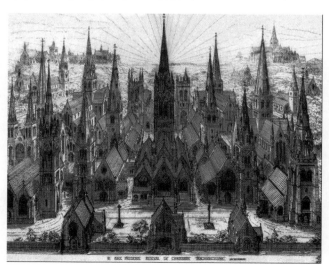

【図3】ピュージン　ゴシック教会の復興

制（アンシャン・レジーム）に従いなさいという、いわば新しい時代に逆行する流れです。その結果、**フランスを含めオーストリア、プロイセンなどの国々には、新古典主義という建築様式が流行します。1回目のギリシア古典の再生が15世紀のルネサンスであるとするなら、新古典主義建築は2回目のギリシア古典の再生を意味します。**

そのフランス革命時にイギリスに亡命した建築家がおり、その息子がA. ウェルビー・N・ピュージンで、彼は、最初に見せたチャールズ・バリーの設計による国会議事堂の内部装飾などを手がけました。**彼は英国国教会からカトリックへと信仰を変え、ゴシック教会建築だけでなく中世社会そのものを当時の社会のあるべき理想の姿として、自ら描いた図版を載せた『対比』という本を1836年に自費出版して世の中に訴えます。**ピュージンによって、異常なまで信仰心が厚すぎるきらいはあるものの、ヨーロッパにおける古典主義建築とゴシック建築をまさに対比させることで、そのイギリスに国家様式としてのゴシックを位置付けようとしたのです【図4】【図5】。

話は現在に飛びますが、イギリスは2020年2月、EUから離脱しました。EU時代でも通貨にはポンドを使っておりましたし、自分たちはヨーロッパとは異なるというプライドを持ち続けております。そのようなプライドにアメリカやヨーロッパの国の右寄りの流れによって火をつけられてしまい、その始末に失敗したのが、今回のEU離脱問題の原因だとも考えられます。『進化は万能である』というユニークな本を書いたマット・リドレーによれば、イギリスのEUに対する不快感の多くは、ボトムアップの立法というマグナ＝カルタができた13世紀以来、コモンローに基づくイギリスの伝統と、トップダウン方式のローマ法からのシビルローに基づく大陸の伝統の違いに起因すると指摘しています。閑話休題。

いや話はつながっており、そのイギリス人のプライド、我々はヨーロッパとは異なる、特にフランス人とは異なるのだ（先ほど話したように根っこは一緒ですが）、フランス人が取り入れるギリシア古典主義建築ではない、彼らが見下したゴシック建築こそ我々の様式なんだと、宣言したわけではありませんが、そのように考えたのでしょう。

もちろん、イギリスにもギリシア様式の古典主義建築は多く存在しております。今更ですが、イギリスという名前の国はありません。正式には United Kingdom of Great Britain and Northern Ireland と長ったらしい名前です。江戸時代にイングランドのことをポルトガル語経由でイギリスと聞こえ、日本ではそれがそのままイギリスという国の呼び名になっております。だから外国でイギリスとはっきり発音しても絶対に通じません。もしかするとポルトガルではイングランドのこととして通じるかもしれませんが。

それはいいとして、イギリスの北部にある国をスコットランドと言います。ここも長らくイギリスから独立しようという動きがあります。だって元々ケルト人である民族の国だから。今は成り行き上、仕方がなくイギリスにありますが、イギリスがEUを離脱した今こそ、逆にEUに戻ることこそ、スコットランドの独立となるのでしょう。そのスコットランドにエディンバラという古都があります。ここは中世の頃からある街で、街の中心の丘の上にエディンバラ城があります。昔から学問（アカデミア）が盛んだったことと、ゴシック様式の建築が多いイングランドのロンドンに比べて、ギリシア古典様式の建築が比較的多く見られることから「北のアテネ」と呼ばれています。エディンバラの街並みや建築についても後の講義で取り上げます。

最初に見せた写真のイギリス国会議事堂のコンペをする際、イギリス（正確に言うとグレート・ブリテン）を象徴する様式としてゴシック様式が採用されることからも、いかにイギリスがゴシック様式を重要視しているのかがわかります。つまり、**日本を含めて、それまでの王朝国家からネーションステイト＝国民国家として国が成立していく中で、最も重要なことは、どのようにその国をまとめるのかにあります。その手段として使われるのが、統一言語すなわち「国語」の教育であり、国旗やシンボル、国歌などの表象としての「伝統」という想像的概念の創出であります。**私たちが喜んで自分たちの「伝統」だと言っているものは、だいたい19世紀以降、新たに創られたものだと言っても過言ではありません。いわゆるナショナリズム運動という

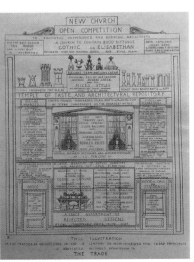

【図4】ピュージン　対比表紙　　【図5】ピュージン対比初版図版Ⅳ

ものは、そのような「伝統」を作り出すことによって、それ自体の起源を忘れさせる幻想再生装置のようなものなのであり、建築はその最たるものといえます。それについては、ベネディクト・アンダーソンの『想像の共同体』を読むことを勧めます。

この「伝統」という概念の創出に含まれておりますが、「歴史学」という学問（もちろん建築史も含めて）が19世紀のドイツを中心にイギリス、フランスで始まります。詳しくは自分たちで調べてみてください。この歴史学の始まりと同時に、歴史的で古い建築をどのように保存するのかという問題意識が生まれたのが、19世紀のイギリスです。先陣を切ったのが、美術評論家、思想家として有名なジョン・ラスキンと彼の弟子であり、デザイナー、社会改革者であったウィリアム・モリスです。ラスキンは第1講で話したように『建築の七燈』（1849）や『ヴェニスの石』（1853）というその後非常に影響力を持った著作を出版しております【図6】。

一方、モリスはラスキンの思想を受け継ぎ、思想家兼デザイナーとして、建築のインテリアである家具、壁紙、照明などや本のレイアウト、挿絵などをデザインし、「モリス商会」という会社を立ち上げ、それらを製作、販売します【図7】。また、モリスは「古建築保存協会」を設立し、古い教会建築などが、その表面が削り取られ修復されることに反対します。これを「アンタイ・スクレイプ」運動と言います。

ラスキンとモリスは、産業革命において、それまで手作業で作っていた身近な道具や調度品、つまり12世紀のゴシック建築があった中世の社会におけるギルド職人による作品のあり方や職人の仕事に対する喜びが、機械制工業に変わることで失われつつあることに警鐘を鳴らします。特にモリスは、単純に手作業の社会に戻るのではなく、機械制資本主義社会に対応すること、つまり質の良いものを大量生産するための仕組みを、自分の会社を設立することで実践していきました。それゆえ、今でもモリス商会がデザインした壁紙などを多くの日本人が喜んで買っているのです。20世紀にドイツからイギリスに亡命した美術史家であるニコラウス・ペヴスナーの代表的な著作である『モダンデザインの展開』（1936）の副題は、「ウィリアム・モリスからワルター・グロピウスまで」となっております。ペヴスナーはモダンデザインの始まりをモリスに見て、その運動はドイツのバウハウスにつながっていると指摘しております【図8】。

ラスキンとモリスは、先ほど指摘したようにゴシック建築をイギリスの「伝統」とみなすだけでなく、ゴシック建築があった時代、すなわち12世紀のギルド社会の職人の「モノ」に対する姿勢に着目しております。モリスはこの手仕事への姿勢によって美術と工芸をつなげようとし、「アーツ・アンド・クラフツ運動」を19世紀のイギリスで展開していきます。この運動はイギリスだけでなく、先ほど言ったスコットランドやドイツ、オーストリア、アメリカ、そして日本へと影響を与えていきます。特にその影響を強く日本に広めたのが、19世紀のロンドン大学スレイド講座やAAで建築を学んだジョサイア・コンドルで、工部大学校の造家学科の教授並びに民間の建築家として、ゴシックスタイルだけでなく、古典主義を含めて様々な様式を使い建築を設計しております。詳しくは後の講義で紹介します。アーツ・アンド・クラフツ運動の日本での展開が、「日本民藝運動」を始めた柳宗悦であることは、聞いたことがあるかもしれません。みなんさんの中で、駒場東大前にある日本民藝館を訪れた人はいますか？民藝館の前に柳の自邸が保存されております。ぜひ訪れてみてください。そして中の展示を見ていただき、ラスキンとモリスの思想が柳によってどのように継承され、発展させられたのかを想像してみてください。もちろんそれらのスケッチするのを忘れないでください。ただ内部のスケッチは展示品がありますので、鉛筆を使ってくださいね。

まとめましょう。19世紀ヨーロッパにおいて、保守反動とされるフランス革命以前への体制や領土に戻る動きがある中で、ヨーロッパ特にフランスとは反目する姿勢を取っていたイギリスは、ヨーロッパの国々が、国民国家としての「伝統」概念を創出するに当たって、ギリシア様式の古典建築を復活させるのに対抗し、15世紀にイタリアにおいて粗野で野蛮であると見なされ、蔑称として名前が付けられたゴシック建築を、自らの「伝統」建築として復興するいわゆるゴシック・リバイバル運動として取り入れました。しかしながら、それは外観のゴシック風スタイルの建築の再興だけでなく、12世紀の中世ギルド社会が有した職人の手作りの姿勢と労働に対する喜びを復活させ、この姿勢によって質の良いデザインの供給がラスキンやモリスによって意図されました。そして、彼らの活動と思想は、19世紀の機械制資本主義社会に対応するよう、「アーツ・アンド・クラフツ運動」として、さらに古建築の保存という形で発展し、20世紀のドイツのバウハウスへとつながっていったのです。

【図6】ラスキン　ヴェニス・ドゥカーレ宮殿の柱のスケッチ

【図7】モリス商会工房

【図8】ペヴスナー　モダンデザインの展開 表紙

Sketch Workshop Lecture 6

L6-001　金雪寅　作
所在地：ロンドン
設計者：チャールズ・バリー、A.W.N. ピュージン
イギリス国会議事堂 1835-60

L6-002　遠藤和華　作
所在地：ロンドン　設計者：G.G. スコット
セントパンクラス駅 1868

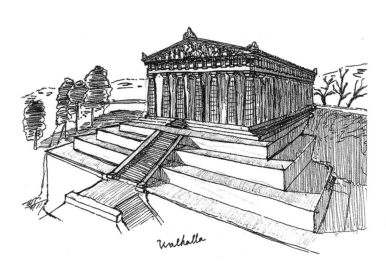

L6-003　山田弦太朗　作
所在地：レーゲンスブルク　設計者：L. クレンツェ
ヴァルハラ神殿 1842

L6-004　小竹広大　作
場所：所在地　設計者：J. コンドル
旧三菱１号館 1894

L6-005　川上ともえ　作
所在地：エディンバラ　設計者：トーマス・ハミルトン
オールド・ロイヤル・ハイスクール 1826-29

L6-006　植松美羽　作
所在地：ロンドン　設計者：P. ウェブ
レッドハウス 1859-60

L6-007　植松美羽　作
所在地：東京都　設計者：渡辺仁
東京国立博物館 1937

Lecture 7

1998 年留学時の最後の夏に訪れたバルセロナのガウディによるカサミラの屋上。その奇怪な風景は、2013 年に研修旅行で訪れたモンセラートの岩山の姿を見て納得できた。

Study Points

1. アール・ヌーヴォーという芸術運動はどのようなものか？
2. 生物学とデザインがなぜつながるのか？
3. ヘッケルとは何をした人なのか？
4. 一元論とは何か、系統樹的発想とは何か？
5. アール・ヌーヴォーの建築にはどのようなものがあるのか？

Reference Books

ヨハン・ヴォルフガング・フォン・ゲーテ（木村直司訳）、ゲーテ形態学論集・動物編、ちくま学芸文庫、2009
ヨハン・ヴォルフガング・フォン・ゲーテ（木村直司訳）、ゲーテ形態学論集・植物編、ちくま学芸文庫、2009
ルドルフ・シュタイナー（高橋巌訳）、ルドルフ・シュタイナー 100 冊のノート、筑摩書房、2002
ルドルフ・シュタイナー（西川隆範訳）、ゲーテ精神世界の先駆謝、アルテ、2009
三中信宏、進化思者の世界、ヒトは森羅万象をどう体系化するか、NHK ブックス、2010
佐藤恵子、ヘッケルと進化の夢、一元論、エコロジー、系統樹、工作舎、2015
池田清彦、進化論の最前線、集英社インターナショナル新書、2017
エルンスト・ヘッケル（戸田裕之訳）、生物の驚異的な形、小畠郁生監修、河出書唇新社、2009
三木成夫、生命形態学序説　根原形象とメタモルフォーゼ、うぶすな書院、2007（1992）

第7講　美しさを問い直す
アール・ヌーヴォーとエコロジー

今回は前半のまとめ的な意味を込めて、前回と同様19世紀における美しさと生物をめぐる問いを建築や芸術に関連させてお話しします。この講義は、普通の建築の歴史では扱わない分野が多く出てきますが、とりわけ今回は近代的思考の一つとなった進化論や二元論的思考などに触れていきます。

今回は、まずは講義のテーマとなっている「アール・ヌーヴォー」と「エコロジー」という二つの言葉を考えてみましょう。第2講で普段使っている何気ない言葉に注意しようと言ったことを覚えているでしょうか。私たちは言葉を使って思考しております。というか言葉がないと思考できません。人の考え方が変わるとそれに対応した新しい言葉が生まれ、それらが使われると考えますが、実は逆で、言葉が新しくなることで、思考方法が変わるのです。そのような言語の仕組み自体を、形の変化ではなく、「意味するもの」と「意味されるもの」といった、言語の構造自体の共通性として捉え直そうとしたのが、20世紀初頭から始まる言語学、特にスイス人の言語学者フェルディナン・ド・ソシュールによる言語構造に関する研究ですが、20世紀の建築を含めた思想文化に深く影響していますので、それは自分で調べてみてください。それゆえ日本語で欧米人の思考や発想を考えていても多分理解できず、英語やフランス語で考えるのでしかないのだと思いますし、それはお互い様で、欧米人が日本人に対しても言えることでしょう。

いずれにせよ、「アール・ヌーヴォー」と「エコロジー」という単語は聞いたことがあると思います。特に「エコロジー」は「○○エコ」「エコ△△」とか聞かない日がないくらい、ほとんど無意識に使っている言葉だと思います。これはある意味、常識を疑わず、思考停止になっている状態で危険です。「エコロジー」とは、19世紀半ばにドイツで作られた「生態学」を意味する言葉「エコロギー」に由来します。現在は「生態学」ではなく、省エネルギーと言った意味で使われていますが、ドイツはその伝統があるのでしょう。現在、いわゆる環境共生型の建築や都市が最も実践されている国の一つでありますし、政党の一つに「緑の党」という名前が付いていることからもその意識の高さがうかがい知れます。

もう一つの「アール・ヌーヴォー」も、もしかすると、最近のフィーバーとも言えるル・コルビュジエ現象以上に、バルセロナにある未だ建設中の世界遺産サグラダ・ファミリアとして、一般の人にも知られている、スペイン・カタルーニャの建築家アントニ・ガウディによる作品に見られる有機的な形の建築に対して使われているのは、みなさんも知っているでしょう。正確に言うとガウディの建築は「アール・ヌーヴォー」ではなく、「モデルニスモ」と呼ばれておりますが、意味は「新しい様式＝近代」で同じだと考えて結構です。ついでに「アール・ヌーヴォー」は国によって表現が違います。イタリアでは「リバティ」様式、アメリカでは「ティファニー」様式、ドイツやオーストリアでは、「ユーゲント」様式、「サナダ虫」様式とその形態からすごいものにたとえられたりしております。それぞれの言い方についても自分で調べてみると、先程言ったように国による思考や発想の違いがわかると思います。

もちろん、「アール・ヌーヴォー」はフランス語で、「新しい芸術」を意味します。ほらワインの好きな人だとわかるでしょう。「ボジョレー・ヌーヴォー」のヌーヴォーです。余計なことですが、フランス語の形容詞は基本、名詞の後に付きますし、ヌーヴォーも修飾する名詞が男性なのか女性なのかによって変化します。フランス語は合理的だと言われますが、私にすればとても人間的な言語だと思います。

でもどうしてこの「アール・ヌーヴォー」と「エコロジー」という二つの言葉が並んで取り上げられるのでしょうか。一つの理由はいずれもこの言葉が世の中に出てきた時代が、アール・ヌーヴォーの方が遅いとはいえ、ほぼ同じ19世紀後半であることです。そして、この二つの言葉に一人の動物学者であり、進化学者であるドイツ人エルンスト・ヘッケルが関わっていることがあります。今回は、このヘッケルに着目することによって、これらをつなげていきたいと思います。

それでは、この画像を見てください【図1】。何が描かれていると思いますか？そこの君

何か生物か鉱物の図鑑の一部でしょうか

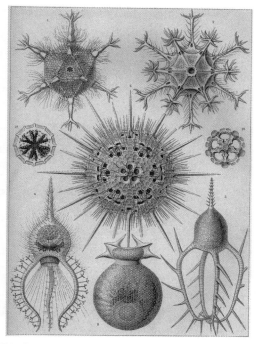

【図1】ヘッケル　放散虫類　ファエオダリア

確かに生物図鑑の中の図版のようですね。実はこれは画家による描写ではなく、先ほど言ったヘッケル自身が描いた図版です。見てわかるように非常に詳細な部分まで表現されております。が、そもそもこれは何を描いているのでしょうか。私もこの図版を見るまでこれが何なのか知りませんでした。

第5講で、フランス語において「理解する」の前提には「所有する」があり、その前提には「見る」があると言ったことを覚えているでしょうか。さらにこの「理解する」と「所有する」との間に「分ける」が入るといいました。つまり、これが博物学と言われる学問である、森羅万象を分類・整理する分類学や形態学の始まりです。それらを出版という形にまとめたのが、百科全書派と言われるフランス啓蒙主義のドゥニ・ディドロやジャン・ル・ロン・ダランベールであり、知の円環を意味する「エンサイクロペディア」＝百科事典を出版したのがスコットランド人のイーフレイム・チェインバーズです。

その分類学や形態学が、19世紀産業革命以降、現在でもカメラのレンズで有名な、ドイツのカール・ツァイス社【図2】によって顕微鏡の精度が上がることで、今まで見えなかったミクロな物体の存在や形態がわかるようになり、科学としての生物学へとつながっていきます。ヘッケルによって描かれた「モノ」はこのような時代背景の中、まさに白昼にさらされることになります。この表現は比喩ではありません。この描かれた「モノ」は、放散虫といって深海に生息する、数十から数百マイクロメートル程度の微小なガラス質の骨格を持つ単細胞生物で、海の中を漂い死ぬとアメーバ状の細胞は消え、この不思議な結晶のような形を有する殻や骨組みを残して、海底の砂になる生物なのです。

なぜ、深海底の生物が引き揚げられたのか。1830年代の後半、ドイツの動物学者クリスティアン・エーレンベルクが発見し、イギリスの著名な生物学者であるトーマス・ヘンリー・ハクスリーらによって、その存在が注目されておりましたが、それこそあまりにも小さくてそれが何であるかわかりませんでした。イギリスは、1850年に英仏海峡海底にケーブルを敷設し、有線の電信技術を普及させます。そのために探検船チャレンジャー号を使って、海底の状況を調査する必要が出てきたのです。その調査の中で出てきたヘッケルの放散虫への着目は、先人の発見に基づくものの、それらが有する美しい形へのヘッケルの驚きと感動から始まっています。「なぜ、どうしてこのような形が生まれたのか」、「それは偶然できたものなのか」、「何かの理由によってできたものなのか」、「あるいは神が創り出したものなのか」と言う疑問です【図3】。

ところで、ヘッケルは動物学や進化学の分野では有名な学者です。日本においてもヘッケルがまだ生きていた1917年に『宇宙之謎』（栗原古城訳、玄黄社）が、死後、1928年に『生命の不可思議』（後藤格次訳、岩波書店）が、そして、2009年に『生物の驚異的な形』（小畠郁生監訳、戸田裕之訳、河出書房新社）が邦訳されています。私がこの図版を見たのが、2009年に出たこの本です。さらに、灯台下暗し、私たちが学ぶ東海大学の佐藤恵子先生（現名誉教授）が、2015年に『ヘッケルと進化の夢　一元論、エコロジー、系統樹』（工作舎）を出版されております。ヘッケルについては私もこの本から多くのことを学びました。

今回の講義も先生の本からの知見をもとに話をしています。その佐藤先生の本の副題には、一元論、エコロジー、系統樹というキーワードが使われています。系統樹に関しては、ヘッケル自身の言葉で「個体発生は系統発生を繰り

【図2】カール・ツァイス社ドレスデン工場

【図3】探検姿の格好をしたヘッケル（左）

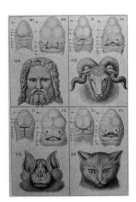

【図4】ヘッケル　個体発生
比較図

【図5】ヘッケル　系統樹

返す」があり【図4】【図5】、これも大変興味深いテーマ
でありますが、今回は取り上げませんので自分で調べてみ
てください。科学史家である三中信宏さんの系統樹に関す
る一連の著作が参考になりますが、今回は、ヘッケルの一
元論を中心に考えてみましょう。

　一元論に対して二元論という考え方があります。これも
第2講の透視図のところで話をした近代哲学の祖デカルト
は、世界を精神と物体、主観と客観の二つの対立した概念
で説明しようとする二元論の立場をとりました。実はこの
世界を二つに分けるという二元論の考え方は、創造主であ
る神と被創造主である自然を捉えたキリスト教が影響を受
けた古代ペルシアのゾロアスター教の善と悪、光と闇の二
元論から始まったとされております。一方、古代ギリシア
の哲学者であるデモクリトスは、この世界の実体は不可分
な原子＝物体だとして、多数の原子の多様な形態や組み合
わせ、運動で現象を説明できると考えました。約2000年
後にデカルトが精神と物体に分けたものを、それぞれ一元
論として置き換えると、精神を実体と考えるなら唯心論で
あり、物体を実体として因果関係で、つまり科学的に考え
るのが唯物論であります。ある意味、西洋哲学は、世界を
一元論で考えるのか、二元論で考えるのか、あるいは多元
論で考えるのかというその問いの歴史といえるでしょう。
世界の中に「神」やものの「存在」が含まれております。
人間がいかにものを認識するのかが「認識論」、その存在
自体を問うことが「存在論」というように二分されます。

　ヘッケルは、18世紀以来のドイツのいわゆるゴットフ
リート・ヴィルヘルム・ライプニッツに始まる観念論的哲
学とヨハン・ヴォルフガング・フォン・ゲーテが提唱した
とされるモルフォロジー＝形態学への探求という知的伝統
を踏まえ、先にあげた放散虫への調査研究を通して、その
形態の美しさと生成の理由を考える。そして、彼は、19
世紀で最も革命的な書とされるチャールズ・ダーウィンの
進化論である『種の起源』に影響を受け、同書のドイツ語
訳を出しながら、有機物と無機物＝精神と物体を二つに分
ける二元論ではなく、それらは本質的に差のない一つのも
のだという一元論的思考に至ります。確かに最近の宇宙物
理学や生命工学を見るまでもなく、とことん突き詰めたミ
クロレベルでいうならば、有機物も無機物も同じであり
ますし、そこは、すべてに通用する物理・化学的法則に支配
されています。どんな現象も原因つまり因果律に則って機
械的に説明できるはずだとヘッケルは考えます。

　佐藤先生によれば、ヘッケルの一元論的思考は、オラン
ダの哲学者バールーフ・デ・スピノザが唱えた、根源的な

一つの実体とは精神（思惟）と物体（延長）の両方を同時
に兼ね備えたものと同じであり、いわゆる汎神論という神
の捉え方で、神は精神であって同時に物体であるというも
のだということです。神すなわち自然であり、一にして全
なるという捉え方です。さらにスピノザの汎神論は18世
紀のドイツロマン主義者であるフリードリヒ・シェリング
やゲーテに影響を与えたとされています。

　このヘッケルの一元論的思考は、1866年に『有機体の
一般形態学』で述べられることになります【図6】。この
本の内容に関する詳しい考察は、佐藤先生の本を熟読して
いただくことにして、ここから「アール・ヌーヴォー」と
「エコロジー」を考えていきます。私の講義のねらいにつ
なげるなら、一度は画家になろうとしたほど絵を描くこと
が好きだったヘッケルによって、それまでなんだかわから
なかった放散虫の存在が、詳細な図版を通して表現され、
その形態の美しさに対する本質的な問いとなっていきま
す。ヘッケルは当時出てきた写真という媒体をあえて使わ
ず、彼の感じたままの美しく秩序づけられた世界として、
ヘッケル自身の手描きによって、つまり彼の身体を通して
それを再現しようとしました。ここが重要なところです。

　しかしながら、ヘッケルがなぜそのような形態を選んだ
のかは著作の中では説明しておりません。佐藤先生による
と、「動物行動学者コンラート・ローレンツの弟子のアイ
ブル＝アイベスフェルトはこの点を補うような説明をして
いる。彼によれば、私たちの知覚装置は系統発生の結果と
して、規則性やそれによる秩序的形態を認知しやすように
遺伝的に仕組まれており、本能的に私たちは自然環境の中
に『秩序』を求める。この知覚の『秩序愛』に合致する形
態が、明確に地から図として浮きあがるような、対称面と
対称軸を備えた形態があり、私たちが結晶を美しいと感じ
るゆえんはここにある。さらに、私たちの知覚には、植物
形態の繊細さ、複雑性、多様性を好む『植物愛』も備えら
れているという」と指摘されています。

　ここには20世紀後半から発展し、現在では人工知能（AI）
への応用が取りざたされている認知科学や脳神経科学の領
域へ、さらには、場所への愛＝「トポフィリア」という概
念を提唱した中国生まれのアメリカの地理学者イーフー・
トゥアンの環境思想およびヘッケル自身が提唱する生態学
＝エコロジーへの接続が見て取れます。実際、ヘッケルは、
形態に美を感ずる人間の仕組みについて、神経生理学的に
捉えようとしています。

　「脳神経細胞には、快楽を感じる美的感覚細胞と、その

感覚から連想を引き起こす理性的神経細胞の二種類がある
とされる。感覚器官を通した直接の刺激から美を感じるの
が前者の働きであり、その美の段階は次のようである。①
単純な美（球のような単純な形態や明るい単色）②リズム
的な美（ある単純な形態の連続的繰り返し）③放射的な美
（多数の単純な同種の形態が一点をめぐって放射状に秩序
良く配置されたもの）④左右相称の美（二つの同種の部分
が鏡像関係に位置するもの）」であり、「一方、理性的神経
細胞の働きによって生じる美的快感は、高等動物（主に人
間）の脳の発達と連動するものであり、この神経細胞と美
的感覚神経細胞が協働することによって複雑で高等な美を
感じることになる。これに属する美の段階は次のようであ
る。⑤生物学的な美（動植物の個々の形態やその器官の形
態）⑥人類学的な美（人間の身体やその器官、特にその運
動や均整など）⑦性的な美（異性を互いに引きつける魅力）
⑧風景の美　特に風景は絶対的な不規則性、すなわち対称
性と基本形態のまったくの欠如を特徴とし、人間のみに与
えられた最高の美の段階とされるのである」と佐藤先生は
指摘されています。

　この佐藤先生によるヘッケルの形態の美と基本形態の内
容と段階に関する指摘を聞けば、皆さんもこれまでの講義
で取り上げたことがつながってくるのではないでしょう
か。風景の美は、まさにピクチャレスクとして風景の誕生
で話したことです。

　かなり時間をオーバーしましたが、肝心なことを言って
おりません。「アール・ヌーヴォー」はどうなったのか？
ヘッケルの生み出した放散虫やクラゲの図版は、その時新
しい芸術を模索していた、ドイツで言えば「ユーゲントシュ
ティル」、フランスで言えば「アール・ヌーヴォー」に見
られる芸術家や建築家たちによる「ジャポニズム」を含め

た流行に合致し、生物などの有機体を摸した照明器具や家
具などのインテリア・デザインに受容されていきます【図
6】。これまでもヘッケルの放散虫の形態との類似がいくつ
か指摘されていますが、特にフランスの建築家であるルネ・
ビネによって、1900 年パリで開催された万国博覧会場の
コンコルド広場の正面玄関に高くそびえ立つゲートのデザ
インに応用されたことは明らかであります【図7】【作図1】
【作図2】。さらに、このコンコルドゲートや電気館などの
展示場には、当時新しい技術として取り入れられた電気照
明が取り付けられ、柔らかい神秘的な光を発しながら、そ
れらの建物が明るく夜空に浮かび上がるという仕掛けが施
されていました。時代は新しく20世紀を迎えようとして
いたのです。

【図6】ビネによる椅子のデ
ザインのスケッチ

　まとめましょう。19 世紀半ばからドイツ
において 18 世紀のライプニッツに始まる観
念論的哲学の潮流とスピノザの一元論に影響
を受けたゲーテによって提唱された形態学を
その思想的基盤として、動物学者であり進化
学者であったヘッケルは、調査研究の対象と
なった深海に生息する放散虫の形態の美しさ

【図7】ビネによる 1900 年パリ万博コンコ
ルドゲート

に対して、自ら絵筆を取りそれらを詳細に描くことによっ
て、美しさへの問いと考察を『有機体の一般形態学』とい
う著作によって行っていきます。ヘッケルは、ダーウィン
の進化論をドイツへ導入する役割を果たすとともに、有機
物と無機物を統一する一元論的な思考は、その後、彼自身
が提唱したエコロジー＝生態学という生物と外界の環境を
総合的に捉える学問領域へと結実することになります。そ
して、彼が描いた放散虫の図版は、その後ヨーロッパの新
しい芸術運動となったアール・ヌーヴォーなどの芸術家に
多大な影響を及ぼしていったのです。

作図1の解説（小山裕史）
上図は、放散虫のドルカドスプユ
リス・ディノケラス *D. dinoceras* の
足外側に向けて棘状のものが放射
状に広がり、棘は足に対して垂直
に伸びている幾何学的な特徴が、
コンコルドゲートのドームと発券
所の構成に反映されている。

下図は、コンコルドゲートの最も
規模の大きい正面のファサード部
分の表現に、ビネのお気に入りの
生物形態であり、ゲートの原型と
なっている事が分かっている放散
虫のクラウロカニウム・レギナ
エ *C. reginæ* の頭頂部と下部の骨格
が、ゲートのアーチ部分に対応し
ている。

作図2の解説（小山祐史）
ドームの基部にみられる装飾に、放
散虫のスタウロカリュウム・アルボレ
スケンス *Staurocaryum arborescens*
の中心から三つの球状の殻、最外殻
に付着する触手、中心を交差する4
本の円錐形の棘の部分が抽出され、
それらの要素が再構成されコンコル
ドゲートの装飾のパターンを形成し
ている。

【作図解説】

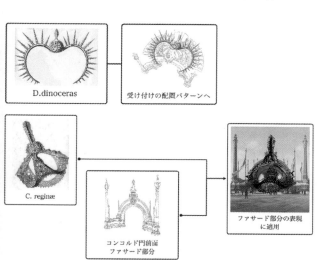
【作図1】コンコルドゲート構成デザインへの生物形態の適用（小山裕史 作）

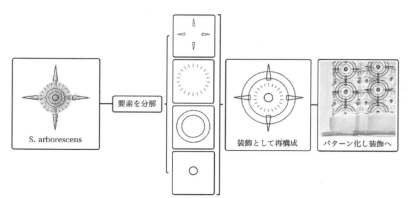
【作図2】コンコルドゲート装飾デザインへの生物形態の適用を配置（小山裕史 作）

Sketch Workshop Lecture 7

L7-002　五十嵐拓巳　作
所在地：バルセロナ　設計者：A. ガウディ
カサ・ミラ 1906-1910

L7-001　渡邉優太　作
所在地：バルセロナ　設計者：A. ガウディ
サグラダ・ファミリア内観 1883-

L7-003　小山裕史　作
所在地：バルセロナ　設計者：L.D. ムンタネー
カタルーニャ音楽堂 1905-1908

L7-004　金澤里奈　作
所在地：ブリュッセル サンニジル　設計者：V. オルタ
オルタ自邸 1901

L7-005　丸山みいこ　作
所在地：ブリュッセル　設計者：V. オルタ
タッセル邸 1893

L7-006　小山裕史　作
所在地：パリ　設計者：H. ギマール
パリ・メトロ 1904

L7-007　金澤里奈　作
所在地：パリ　設計者：H. ギマール
カステル・ベランジュ 1898

C 西方への旅2
Christopher Wren+London

ロンドンのレンとサバーブをめぐる旅

今回の旅は、旅というより調査研究＝サーヴェイの一環で行ったものでした。AAスクールの大学院に1993年の9月から入学し、英語の能力のなさから授業についていくのが大変でしたが、せっかく異国に地にいるのですから授業の合間にロンドンやイギリス国内をよく巡りました。

1. セント・ブリッジ

3. セント・ポール大聖堂 内観

4. セント・ポール断面メモ

授業の中で出てきた18世紀のイギリスを代表する建築家（天文学者）であるクリストファー・レンは、留学していた頃の50ポンド紙幣のデザインに使われていました。日本の感覚でいうと1万円札の福沢諭吉でしょうか。レンは、1666年のロンドン大火の後のロンドン中心地区の都市計画を提案したり、2図から4図までのスケッチにある、もっとも有名な建築物として紙幣にも使われたセントポール大聖堂を設計しています。

2. セント・ポール大聖堂 外観

St. Vedast, Foster Lane

・セントポールに最初にある奥塔の
デザインに近、シンプル、だがバロック好す

・St Vedast, Foster Lane is perhaps
the most Baroque of all Wren's
steeples. for above the belfry the
pilastered storeys are concave,
convex and again concave.

St. Benet, Paul's Wharf
1677～83
オランダ風 . コーナーの白いストーンが特長
delightfully simple brick cube red
and blue chequer work.

St. Mary Somerset.

塔の頂上部に特長がある.
ゴシック風
本体は1871に破壊、塔のみ
残ります.

St. James Garlickhithe . 1674～87
シンメントリーを守り、塔のデザインも 美しい

5. セント・ヴェダスト＋セント・ベネト

6. セント・メアリー＋セント・ジェームズ

7. セント・ステファン内部

94 1/21. St Stephen Walbrook. 内部の中心的なるプラン
全体の空体、オルガンリサイタルがライブで行われていた

1692～87

レンは、セントポール大聖堂だけでなく、その周辺にある比較的小さな規模
の教会を数多く建てています。それはカトリックの教会に見られるような静
粛な祈りの場ではなく、集まって話しを聞くコミュニティの場でありました。
それが１図、そして５図から８図までのスケッチです。

St Mary-le-Bow 1670～83

Wren の作品の中で最も美しい塔

8. セント・メアリー・ル・ボー

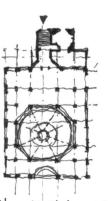

Plan St. Stephen . Walbrook

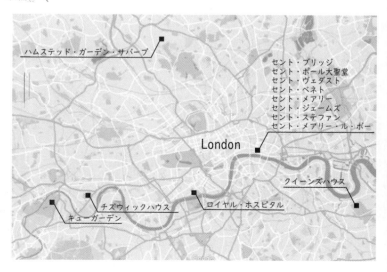

ハムステッド・ガーデン・サバーブ

セント・ブリッジ
セント・ポール大聖堂
セント・ヴェダスト
セント・ベネト
セント・メアリー
セント・ジェームズ
セント・ステファン
セント・メアリー・ル・ボー

London

クイーンズハウス

チズウィックハウス

ロイヤル・ホスピタル

キューガーデン

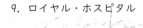

9図と10図は、ロンドンの東の郊外グリニッジにあるレンによる
ロイヤル・ホスピタルとイニゴー・ジョーンズによるクィーンズ・
ハウスのスケッチです。特にイニゴー・ジョーンズは、イギリス
にパッラーディアン・スタイルの建築を最初に持ち込んだ建築家
として有名で、このクィーンズ・ハウスも最初のパッラーディアン・
スタイルと言われています。その100年後にできたパッラーディ
アン・スタイルの建築が、15図のロンドンの西郊外にあるチジック・
ハウスです。

94. 1/22. Greenwich Hospital
Colonade and Chapel.

9. ロイヤル・ホスピタル

11. オールド・セント・ポール教会

94. 1/22 Queen's House. Greenwich Park   Inigo Jones

10. クィーンズハウス

13. セント・マーチン内部教会内＋コンサートチケット

Inigo Jone's Banqueting House
Inigo Jone's became the most
respected and influential
architect of his day.
He established his reputation
initially as a painter and
masque designer.
In 1610, he became Surveyor of
Works to the Prince of Wales
and then to the King in
1615. He was influenced by
Palladio and other Italian
Renaissance architects from
whom he developed an architectural
style which was revolutionary
in England

12. バンケット・ハウス

14. セント・マーチン内部レストラン内

East Elevation

Chiswick House   South Elevation

15. チジック・ハウス

94. 2/27 HAMPSTED GARDEN SUBURB.

16. ハムステッド・ガーデン・サバーブ 1

16図から18図は、私が近くに住んだことがある
ため、頻繁に出かけていたハムステッド・ヒース
という緑地公園とハムステッド・ガーデン・サバー
ブという20世紀最初に計画された郊外田園都市
にある建築です。また、ロンドンの南西部郊外に
あるキューガーデンを描いたのが、19図と20図
です。これらのような郊外に来るといつも気分が
安らぐので、よく授業のプレッシャーから逃れる
ために訪れました。

17. ハムステッド・ガーデン・サバーブ 2

18. ハムステッド・ガーデン・サバーブ 3

20. キューガーデン　パゴダ、フォリー、ディテール

19. キューガーデン温室

Lecture8

Forth Bridge
Both masterly examples of engineering skills,
Hollow tube cantilevened Railway Bridge by John Fowler &
Benjamin Baker, opened 1890   93 8/6

エディンバラのフォース湾にかかる巨大な鉄橋フォースブリッジ。電車が通るたびに
轟音が鳴り響き、まるで3頭の鉄骨でできた巨大な恐竜が尻尾を加えてフォース湾を
渡っているかのような姿を想像させる。スコットランドの子供達はこんな風に想像力
を豊かにしていったのだろうか。

Study Points

1. 建築家にとって歴史を学ぶ意義とは何か？

2. 鉄の文明史的な重要性とは何か？

3. 産業革命はなぜイギリスで起こったのか？

4. クリスタル・パレスの意義とは何か？

5. 世界遺産になっている鉄橋や駅舎にはどのようなものがあるのか？

Reference Books

ケネス・フランプトン（松畑強＋山本想太郎訳）、テクトニック・カルチャー　19-20世紀建築の構法の詩学、TOTO出版、2002

中沢護人、鋼の時代、岩波新書、1964

大和久重雄、鋼のおはなし、日本規格協会、1984

内藤廣、構造デザイン講義、王国社、2009

難波和彦、メタル建築史、SD選書、2016

松村昌家、大英帝国博覧会の歴史、ミネルヴァ書房、2014

高橋俊介、巨大高層建築の謎、サイエンスアイ新書、2008

高遠竜也、「鉄」の科学、秀和システム、2009

第8講　トルコからイギリスへ
鉄と近代建築の出会い

近代建築の誕生と言われる1851年ロンドンのハイドパークに建てられたクリスタルパレスを取り上げる前に、近現代建築が成り立つ新しい材料の一つである、鉄の歴史を文明史として大きく捉えながら、クリスタルパレスの先進性を指摘します。それと同時にテクノロジーに対するイギリス的な思考方法を考えてみます。

今回の講義から後半となります。ガイダンスで話したように、ここからはいわゆる大学で行われている「近代建築史」の講義で取り扱う内容と重なりますが、この講義の目的にもあったように、手を動かしながら歴史の面白さを感じてもらうということですから、教科書的な近代建築の流れを説明したり、巨匠と言われる建築家を取り上げて彼らの作品や思想を紹介するのではなく、歴史の偶然性や不思議なつながりを近代建築や都市の中で見つけながら、より建築を身近に考えたいと思います。そして、スケッチをすることで皆さんの身体内部に深くしみわたり、記憶できるような内容にしたいと考えています。

まずは、歴史教育を含めて近代建築を歴史的に捉えること自体を考えてみます。有り体に言えば、なぜ建築家は歴史を学ぶ必要があるのかということです。私の恩師である日本大学理工学部建築学科教授であった近江榮先生は、よくゼミにおいてアメリカの建築史家・教育者であるターピン・バニスターの『The Architect at Mid-Century Evolution and Achievement 』(1954) というアメリカ建築家協会が編纂した本の中での言葉を紹介していました。
それは、

1. 歴史は、建築家の研究室である。
2. 歴史は、社会基盤となる技術をゆっくりと豊かにする役目をもつ。
3. 歴史は、建築家の知見を広めてくれる。
4. 歴史は、建築家を偉大な仕事へと導く。
5. 歴史は、建築家に深さを与える。

というものでした。

歴史を学ぶことは、最新の工学的な知識に見られるような即効性はありません。バニスターの言葉にあるようにゆっくりと豊かにというのが大切な姿勢なのです。それを証拠に一級建築士の資格試験にはほとんど建築史に関する

問題はありません。このこと自体、建築家に必要な知識が欧米と日本が異なることを示しております。

最近、歴史に関する本が、ビジネスパーソンによく読まれるようになったと聞いております。ビジネスに役にたつ、外国人と交渉するにはその国の歴史を知る必要があるということが、それらの本の紹介文となっています。それはそうでしょうが、何々のためにということで学ぶ知識はだいたいすぐ消えていくものです。皆さんも受験のために覚えた知識はもう消えているのではないでしょうか。役に立たないことを学ぶことが教養だと開き直ることもできますが、そんな中、新しい歴史観に基づく本が出ており、それが世界的なベストセラーとなっています。

一つは、アメリカの生物学者で歴史家でもあるジャレド・ダイアモンドの『銃・病原菌・鉄』(2012) です。もう一つはオーストラリアの歴史家デヴィッド・クリスチャンによる『ビッグヒストリー』(大きな歴史) (2016) で、一番新しいのが、イスラエルの歴史家ユヴァル・ノア・ハラリによる『サピエンス全史』(2016) です。『銃・病原菌・鉄』は、高校の世界史の範囲である5000年ほど前からの歴史でありますが、他の二つは、それより大きく時間が引き延ばされ、『サピエンス』は人類誕生から、『ビッグヒストリー』は宇宙開闢からというタイムスパンを扱います。

近代建築史が取り扱う200年と、例えばビッグヒストリーの138億年を比較してみてください。よく人類誕生が地球の誕生である46億年を1年として、いつにあたるかという話がありますが、200年前の産業革命は、12月31日午後11時59分58秒だそうです。宇宙誕生であれば地球誕生の約3倍つまり3年間の中の2秒ということになります。どうでしょうか。このような感覚が持つことができたなら、自分が悩んでいることなど些細なことだとわかり、なんだかアホらしくなりませんか。いずれにせよ、今の生活のもとが始まった近代といわれる時代は、人類の歴史から言ってもほんのわずかの時間であり、それゆえ、近代以前までの人類がホモサピエンスとして誕生してからの時間を考えるなら、がんや糖尿病、アレルギーなど病気の多くが、急激な生活の変化に生物としての身体がついていけない「ミスマッチ病」として、ダニエル・E・リーバーマ

ンが『人体 600万年史 科学が明かす進化・健康・疾病』(2017)で指摘しています。

前置きが長い、早く授業に入れと顔に書かれているようなので、今言ったような広い歴史観に立って、今回のテーマであるトルコからイギリスへ、鉄と近代建築の出会いについて、少し歴史をさかのぼって（と言っても先ほどの時間で言うならば、2秒を30秒くらいに長くするだけですが）話をします。トルコと鉄がなぜ結びつくのでしょうか？現在のトルコ共和国はどこにありますか？言うまでもなく答えは黒海という大きな内海の南に位置するアナトリア半島にあります。エーゲ海に抜ける海峡がボスポラス海峡で、この海峡の両側にあるのがイスタンブールという街であることは知っていると思います。この海峡によってヨーロッパとアジアが分かれるあるいはつながると言われています。

このアナトリア半島の中央部であるアナトリア高原と言われる地域は、およそ今から3500年くらい前にヒッタイト王国という国がありました。このヒッタイトにおいて世界で最初に鉄製武器が実用化され、その技術が紀元前12世紀にメソポタミア文明やエジプト文明、紀元前9世紀頃中国文明に伝わったと言われております【図1】。ものすごく単純化すると世界史における国と国の争いは、鉄製武器をめぐっての戦い、つまりはその国が自前でより強い武器としての鉄が作れるかどうかということだったと言えます。実は現代における国と国との争いは、鉄製武器が核兵器に変わっただけで構造はそれほど変わりません。第4講に出てきたルイ14世は「朕（自分）は国家なり」と言ったのですが、19世紀においては「鉄は国家なり」でありました。ちなみに日本において官営の製鉄所ができたのは、20世紀がまさに始まった1901年の八幡製鉄所でした【図2】。それまではすべてスチール（鉄材）は外国から輸入していたのです。

ところでヒッタイトがあった時、ここはトルコとは言いませんでした。トルコとは英語でTurkey、その語源を辿ると、中央アジアからモンゴル帝国にいた人たちで、中国の魏晋南北朝から唐時代にかけていわゆる漢民族ではない人たちである「突厥」（トッケツ＝チュルク）から来た名前だとされております。また、突厥以外の遊牧民族のことも「鉄勒」といい、発音からの当て字でもありますが、前述したように紀元前9世紀頃、最初の古代中国の王国殷の時代に青銅器の作り方で鉄器が作られ、主に装飾品として鉄が使われていました。鉄が西域から入ってきた証拠として、発音の当て字だけの話ではなく、「鉄」という字自体が、

昔は「銕」と書かれており、これは金偏に夷つまり漢民族にとって外国人を表している文字なのです。紀元前2世紀の前漢からは、農具などに鉄が使われ、深く耕すことが可能になります。また、塩と酒とともに鉄は、租税の対象として国が専売に扱うものとなります。このように鉄との関係が深いゆえに民族の名前に鉄が使われたのではと推測します。

その後、騎馬遊牧民族である中国北西部のモンゴル系、トルコ系の人たちは鞍、鐙、手綱などを使い巧みに馬を操りながら、特に鋳鉄で蹄鉄をつくったことで、馬が長距離の移動とヨーロッパにある石畳に耐えられるようなり、その結果、モンゴル帝国初代ジンギス＝ハンの長子ジュチの次子バトゥらが、ロシア、ポーランド、東ヨーロッパの都市に遠征していることは知られております。10世紀中央アジアはトルコ人の土地すなわちトルキスタンとなり、15世紀、今のイランからウズベキスタンに至る、モンゴル帝国のチャガタイハン国から自立してできたのがティムール帝国で、このティムールという王様の名前はズバリ「鉄男」という意味です。まさに先ほどのルイ14世ではありませんが、「私は鉄である」と言っているのです。

つまり、ヒッタイトから広がった鉄の流れは、スキタイから東は遠く中央アジアのアイアンロードを通って中国に入り、熟成を経て、そのまま東の朝鮮と日本に入り、一方、反転して、トルコ系民族と言われる突厥や鉄勒を生み出しながら西に向かい、中央アジアをトルコ化し、モンゴル帝国の西征のあと、ティムールによってインドをもイスラーム化しながら（その結果できたのが有名なタージマハール）、ヒッタイトであった地域にトルコという名前とともに戻ってきて、同じくアナトリア西部から興ったオスマンと結びつき、あのオスマントルコになったと言えます。オスマントルコ（オスマン帝国）は15世紀に東ローマ帝国すなわちビザンチン帝国を滅ぼし、その後500年にわたって巨大な複合民族国家となって、バルカン半島、メディナ、メッカなどのアラブ、ユダヤ・キリスト・イスラームの聖地エルサレムを支配します。そして20世紀の初め、第一次世界大戦でイギリスを中心とした国に負け、帝国は終焉します。同じく南に向かったトルコ系ムガール朝（ムガールとはヒンズー語でモンゴルを意味します）があったインドも、19世紀にはイギリスの植民地となります。このように歴史を大きく見ると、トルコは不凍港を求めるロシアの南下を防ぐために政治的にイギリスに使われ、インドでは中国との悪名高きアヘン貿易を行うために利用され、結局はイギリスによって滅ぼされてしまったと言えるでしょう。その一方でイギリスは、トルコの名前の由来となった

【図1】明代製鉄の様子

【図2】官営八幡製鉄所

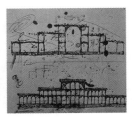
【図4】パクストン　クリスタルパレス初期スケッチ

【図5】クリスタルパレス鉄骨建て方

「鉄」という材料をトルコから受け継ぎ、近代世界を文字通り建設していったのです。

ところで、先ほど紹介した『ビッグヒストリー』を読めば、地球の誕生はほとんど鉄であった隕石によるものだそうで、鉄という素材は、それこそ46億年という時間が作り出した私たち人類への偉大な贈り物であったと思えます。これは鉄だけでなく、これがないと近代化がなかったであろう石炭や石油も数億年という時間によって作り出されたものです。**ヒッタイトから始まった鉄の歴史は、簡単に言うと鉄の中に含まれている不純物を取り除き、より強度のある鉄を作り出す過程にあったと言えます。その先端にいたのが、産業革命を世界で最初に行ったイギリスであります。**18世紀に繊維革命から始まって、動力革命、交通革命とまさに鉄の発展の歴史が、この18世紀末から19世紀末までの100年間に凝縮しております。製鉄の方法であるベッセマー法やジーメンス法がどのようなものかは時間がないので、各自調べてみてください。

それまで強度が足りず、大きな架構ができなかった鉄が、いわゆるスチール＝鋼鉄の発明により、鉄橋などの土木建築物に使われていきます。建築物に対しても交通革命によってイギリスには鉄道が敷かれ、多くの駅が建設されます。有名なのは、土木技術者であるイザムバード・キングダム・ブルネルが手がけたロンドンのパディントン駅で、150年ほど経った今でもオリジナルの鉄骨のヴォールト屋根が架かっております。ちなみに世界で最初の鉄橋は、産業革命の故郷である中部イングランド、コールデールブルック鉄橋、通称、アイアンブリッジです。

さて、ここでスライドを見ていただきます【図3】。19世紀において近代建築のスタートと言われる鉄を多く使った建築物の現在の姿です。

なんだかわかりますか？
いつも前にいる君

場所はわかりませんが、いわゆる温室でしょうか

そう、正解です

ちなみに温室は英語で glass house や green house と言います。個人住宅のベランダに造られる温室は、conservatory コンサバトリーと言います。この温室は、以前の講義で紹介した北のアテネと言われたスコットランドのエディンバラから1時間ほど西に向かった工業都市グラスゴーにある植物園の温室です。見てわかるように鉄とガラスからできています。この温室を含めて19世紀末から20世紀にかけて建てられた温室、もっというと近代建築の原型としてみなされているのが、1851年、ロンドンのハイドパークにおいて初めて開催された万国博覧会のメインパビリオンとなった「クリスタルパレス」（水晶宮）であり、温室の建設に関わってきたジョセフ・パクストンという技師が設計に当たりました【図4】。

このクリスタルパレスの建設は、設計競技で建設委員会によって選ばれた案が不人気であり、代替案としてそれまで温室の設計に関わっていたパクストンに白羽の矢が立ち、彼の案が採用された経緯があります。既に決定しているオープンの日まで9ヶ月ほどしかないため、いかに工事を経済的かつ合理的に進めるのかが課題となりました。そこで採用されたのが、**スタンダダイゼーションとプレファブリケーションすなわち標準化と組立式工法です**【図5】。少し大げさに言うと、第2講で線透視図法がものの見方に対する視覚革命であったように、クリスタルパレスの建設は、近代的思考法である合理性に基づく建築革命であったと考えられます。ここに近代建築の始まりがあります。**それまでの芸術性や様式性・装飾性を重視する建築家の感性や主観的判断による建築物ではなく、ある意味、科学的・客観的なデータや実験に基づく建築と言えます。**

【図3】グラスゴー植物園温室内部

そして、天候に左右される現場の作業をできるだけ減らすこと。また施工が熟練工でなくても可能なほど簡易的であること。前もって決められたサイズに従って、工場で品質を管理しながら鉄製の柱、梁、ガラス面、木製パネルの部品として製作し、その当時敷設された鉄道によってロンドンに運搬し、現場で組み立てること。柱の建て方やガラス屋根の取り付け方法など、今から見ても非常によく考えられたものでした。

しかしながら、クリスタルパレスがだんだんと立ち上がってくると、ロンドン市民にとって今まで見たことのない鉄とガラスを使った建築であったため、本当に崩れないのかと不安になったようで、その対策として同じ構造を有する床板を作って、兵士に足踏みをさせ、その安全性を確かめる実験をしております【図6】。さすが、経験主義の国イギリスであります。

特筆されるのは、鉄やガラスの材料や構法だけではありません。パクストン・ガター（樋）と言われる外部の雨樋と内部の結露受けのデザインです【図7】。イギリスがヨーロッパの中でも天候が悪いのは有名な話で、天気予報を見ていると、晴れ時々曇り、一時雨ところによっては雪と全部言ったりします。それはどれか当たりますよね。いずれにせよ、イギリスは雨がよく降り、夏とはいえ非常に寒い時もあります。建築が悪くなる一番の理由は室内や壁内部に湿気が浸み込むことであります。有名建築の条件は雨漏りすることと言ったりしますが、逆に言うと有名建築とはいえその多くに雨漏りがしているのです。170年近く前に建てられたクリスタルパレスには、イギリス特有のエンジニアリングを考慮した仕組みが施されていたのです。後の講義で取り上げますが、ル・コルビュジエのような近代の建築家たちは、パクストンのようなエンジニアの有する合理的思想に多く影響を受けたと言われております。

画期的な工法によってオープンに間に合ったクリスタルパレスの姿は、イラストや図面として万博の公式記録として残っております。実際の展示物は古臭いものが多く、建物の新しさとギャップがあり、今の私たちにとってみれば少し違和感を覚えますが、当時の人たちの多くは、私たちとは逆に建物の新しさに違和感を感じたようです。ちょうど写真が発明された頃と重なっておりますので、興味深い写真もあります。その中で私が一番印象的だと思った写真は、クリスタルパレスの中央を大きな楡の木を写しているものです。パクストンはもともとハイドパークの敷地の中央にあった楡の木を残すために、最初のフラットルーフ案を変更し、楡の木を切ることなく建物の中に収めるために、

屋根部分をヴォールト形状としました【図8】。

これも標準化と組立式工法が採用されたが故に、そのような急な設計変更に対応できたのです。それよりも何よりも、市民に愛されているハイドパークの楡の木を、近代的なテクノロジーによって残したイギリス人の思いに感動しませんか。**この自然環境との共存を最新の技術によって図ろうとする設計思想は、イギリス特有の「トータルデザイン」や「コンポジットマインド」（複合的思考）という考え方に結実する**ことになりますが、それは次回の講義で話します。

このように博覧会場のメインパビリオンとして建てられたクリスタルパレスは、その組み立てとまったく逆のプロセスを経ることによって柱、ガラス、床などの部位に解体することができ、それを再利用すべく、1854年に、ロンドンの南郊にあるシデナムに移築され、両翼に増築された形で再建されたのです【図9】。今でいうと持続可能性の実現ということになります。19世紀末までは、多くの人で賑わったのですが、20世紀に入って不況ということもあり衰退し、1909年に経営破綻、その後政府に買い取られ軍の施設として使われていましたが、1936年11月30日に火災が発生し、全焼してしまいました【図10】。この悲劇を一番嘆いたのが、ル・コルビュジエであり、彼は当時イギリスで影響力のあった建築雑誌 Architectural Review の1937年2月号に「クリスタルパレス　その貢献」と題した一文を残しております。

まとめましょう。今から3500年前、現在のトルコがあるアナトリア半島にヒッタイトという王国があり、独自に鉄製武器を実用化する技術を有しておりました。その技術は東西南北に広がり、2000年の時を経て、現在のトルコへと戻ってきます。そのトルコと19世紀からアラブの国々をめぐってロシアやドイツを含めて争うことになるイギリスは、18世紀後半から産業革命に入り、およそ100年をかけて建築で使うことのできる鉄を作り出し、標準化と組立式工法というそれまでの建築とはまったく異なる思想と方法によって、1851年のロンドン万博のためのパビリオンとして、温室の技術を使ってクリスタルパレスが建てられました。ここから近代建築のスタートが切られます。

【図6】クリスタルパレス床板強度実験

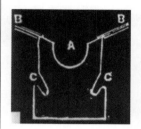
【図7】クリスタルパレス　パクストン・ガター

【図8】クリスタルパレス　楡の木を覆うヴォールト屋根

【図9】再建されたクリスタルパレス

【図10】焼失したクリスタルパレス

Sketch Workshop Lecture 8

L8-001　木村莉彩　作
所在地：シュロップシャー　設計者：A. ダービー
アイアンブリッジ 1779

L8-002　渡邉優太　作
所在地：ロンドン　設計者：I.K. ブルネル
パディントン駅 1850-54

L8-003　植松美羽　作
所在地：リバプール　設計者：P. エリスジュニア
オリエル・チャンバーズ・ビル 1864-65

L8-005　渡邉優太　作
所在地：パリ　設計者：ギュスターヴ・エッフェル

エッフェル塔 1889

L8-004　金澤里奈　作
所在地：東京都　設計者：内藤多仲

東京タワー 1958

L8-006　渡邉優太　作
所在地：パリ　設計者：J. アストリュック

ノートルダム・トラヴァイユ教会（外観）
1897-1902

L8-007　眞木耕太郎　作
所在地：パリ　設計者：J. アストリュック

ノートルダム・トラヴァイユ教会（内観）
1897-1902

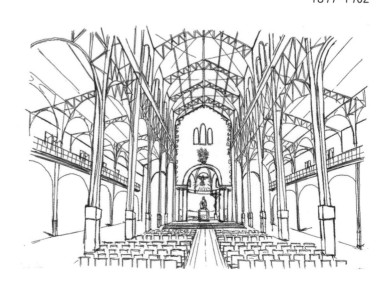

Lecture 9

ちゃンディーガル 議会 2002.え.13

世界遺産となったル・コルビュジエ作品群の中で唯一の都市計画である、インドのパンジャブ州の州都チャンディガールのキャピタルと言われる地区にある議会棟と奥の行政棟のスケッチ。コンクリートの荒々しさがインドの気候風土とマッチしており、巨大な庇の形状は前川國男などの造形に影響を与えたとされる。

Study Points

1. コンクリートを使った古代の建築にはどのようなものがあるのか？

2. 鉄筋コンクリート（RC）はどのように誕生したのか？

3. オーヴ・アラップとリュベトキンによる RC 造建築にはどのようなものがあるのか？

4. RC 造建築の空間的特徴とは何か？

5. トータル・デザインとは何か？

チャンディーガル 議会 2002.3.13

Reference Books

内藤廣、構造デザイン講義、王国社、2009

神田順編、ヴィジュアル版建築入門3 建築の構造、彰国社、2002

川口衛他編、建築の絵本、建築構造のしくみ　力の流れとかたち、彰国社、1990

齋藤公男、空間・構造・物語──ストラクチュラル・デザインのゆくえ、彰国社、2003

E.. トロハ、エドゥアルド・トロハの構造デザイン（川口衛他訳）、相模書房、2002

エイドリアン・フォーティー（坂牛卓他訳）、メディアとしてのコンクリート、鹿島出版会、2016

第9講　ローマからフランスへ 鉄筋コンクリートと近代建築の 出会い

　近代建築を考える上で大切なもう一つの材料である鉄筋コンクリートについて、ローマ時代からのコンクリートが、19世紀以降どのように鉄筋コンクリートとして、さらにシェルという造形的な構造として進化していったのかを、ロンドン動物園のペンギンプールを取り上げて考えていきます。

【図1】ロンドン動物園ペンギンプール

　前回の講義では、鉄と近代建築との出会いについて、いわゆる近代の始まりとされる19世紀半ばのイギリスだけでなく、紀元前まで時間を遡り、アナトリア半島で見られた武器としての鉄の使用を、ユーラシア大陸を西から東、東から西へと地理的空間を移動しながら、再び産業革命後のイギリスにできたクリスタルパレスを取り上げ、その先進性について話をしました。今回は、もう一つの近現代建築の重要な材料である鉄筋コンクリートを取り上げましょう。前回はトルコからイギリスという流れでしたので、不公平にならないよう、ローマからフランスという、文明で言えばラテン系の流れを中心に、今回も少し時代を遡り、再びイギリスに話を戻します。ただし、ヨーロッパに収まる範囲であり、前回ほど空間的移動はありません。

【図2】ロンドン動物園ウェストゲート

【図3】ロンドン動物園大鳥籠

　あ、忘れないうちに質問しますが、鉄筋コンクリートを英語で何というのでしょうか。毎回質問をすると、さすがに建築学科の学生だけあって「Reinforced Concrete」という答えが返ってくると言いたいところですが、意外に答えられません。その理由は、この Reinforced という単語の意味を理解していないことにあります。鉄筋は「steel rods」でありますが、reinforced というのは「reinforce」という動詞の完了形になっており、つまり「補強された」を意味します。これが鉄筋コンクリートの最大の特徴であり、重要な点であります。後でその理由を教えます。

> 今回は、まずこのスライドを見てもらいます（図1）。これは一体何でしょうか？そこの君

> 二重螺旋の滑り台のようですが、子供の遊具としては立派な感じがしますし、下が水面のようになっていますので、水遊び場なのでしょうか

> そうですね。確かに滑り台に見えますよね。ただし子供用ではなく、ペンギンのための施設です

　これは、ロンドンの都市公園の一つであるリージェンツパークの北端にある、世界で最も古いと言われるロンドン動物園内の旧ペンギンプールです。なぜ旧なのか、そう、残念ながら現在、ペンギンはここにおらず、新しくできたペンギンプールに引越しており、今はモニュメントとして残された大きな彫刻となっています。

　ただし、この建築は、イギリスの保存すべき建物のランクで言うならばグレード1であり、特筆すべき建築的・技術的・歴史的価値を有するという評価がなされております。日本で言うならば重要文化財クラスに当たります。さすが動物愛護の国、イギリスでは動物のための施設も、普通の建築と同様、保存対象として扱われております。もしかすると犬小屋にもそのような建築があるのかもしれませんが、そもそもイギリスには犬小屋で犬を飼うという発想がありませんからそれはないのかもしれません。とにかく、このロンドン動物園には、グレードが異なるとはいえ、4つほどの施設が保存の対象となっております【図2】【図3】。

　無論、このペンギンプールの構造は、今回の鉄筋コンクリートが使われており、というより、設計者たちはその構造的特質を徹底的に調べ、デザイン的な特徴を活かすべく

造形的可能性を模索しております。私が学生だった頃、近代建築史の講義では当然今のようにパワーポイントが使えるようなAV設備はなかったので、教材として『近代建築史図集』（彰国社）という資料が使われており、1930年代にRC技術が発展した事例として小さな写真で紹介されておりましたが、ほとんどの学生は見過ごしていたはずです。私も講義を受けた3年生時にはまったく気づきませんでした。大学院に進み、修士研究のテーマのネタ探しと留学の情報を得るために訪れた、飯田橋にあるブリティッシュ・カウンシルの図書館で、たまたま目に留まった朱色の表紙の建築作品集【図4】の中で紹介されていたのが、建築家バーソルド・リュベトキンと彼が主宰する設計組織テクトン（TECTON）の設計によるこのペンギンプールだったのです。

　今考えると、この作品集の中にあったペンギンプールとの出会いこそ、それからの私の人生を大きく動かしていった瞬間だったと言えます。なぜなら、その後私は無事にリュベトキンについての修士論文を書き、設計事務所での実務経験をしたのち、このリュベトキンを含めてイギリスの近代建築の研究を継続したいと考えてイギリスに留学し、そこでまさにペンギンプールを含めてリュベトキンの建築作品の多くを保存修復している建築家ジョン・アランさんに出会ったことが、今の私の近代建築の保存に関する活動の原点となっているからです【図5】。歴史にもしはありませんが、もしブリティッシュ・カウンシルでリュベトキンの作品集に出会わなかったら、おそらく今の私は違った形で建築に関わっていたことでしょう。個人の話に付き合わせてしまいました。ただ、もしこの中で研究者になりたいと考えている人がいるならば、私が経験したような偶然や心の引っかかりを大切にして欲しいと思います。

　ところでリュベトキンは、このペンギンプールを設計する際、それ以前にデンマークに本社がある施工会社で構造技術者として働いていたオーヴ・アラップに相談し【図6】、構造計算と施工方法などを彼とオーストリアから亡命してきた構造技術者であるフェリックス・サミュエリーに任せます。リュベトキンとアラップによる設計協同体制は、このペンギンプールの仕事を皮切りに、その後、同じロンドン動物園のゴリラハウス、ロンドンの北の住宅地ハイゲートにある中層住宅ハイポイント、第二次大戦下のロンドンにおける防空壕計画へと続き、戦後アラップによる建築設計および構造技術コンサルタントとしての活動の基盤となっていきます。このようにアラップは、この戦前におけるリュベトキンとともに鉄筋コンクリートの建築デザインへの可能性を追求していった構造エンジニアだったのです。

　前回の講義でクリスタルパレス建設の際に、楡の木が残されたことに触れ、そこにはイギリス特有の哲学、自然環境との共存を最新の技術によって図ろうとする「トータルデザイン」という設計思想があると指摘しましたが、これを提案した人こそアラップであります。2017年に、エディンバラ大学の哲学史のピーター・ジョーンズ名誉教授による『オーヴ・アラップ　20世紀のマスタービルダー』を、私による日本語訳版として東海大学出版部から出しましたので、購入せずとも図書館でぜひ読んでいただければと思いますが【図7】、今回は、この本の中の記述をもとに、コンクリートの歴史を振り返ってみましょう。

　今からおよそ2000年前のローマ時代に書かれたウィトルウィウスの『建築十書』には、彼の出身地であるナポリに近いヴェスヴィオス火山の土壌には、火山性の二酸化窒素塵と石灰と溶岩粗石、地下水と混ざることで土自体が硬い性質があり、ポゾランとして知られていたことが述べられています。つまり鉄筋コンクリートで言えば、鉄筋を除いた骨材とセメントのことです。このポゾランは、タイルやコーニスの表面に使うことで防水性が高まり、石に塗り込めることで石が強くなるとしております。無論、ローマ時代にはコンクリートの硬化現象についての化学的特性は知られておりませんでしたが、砂、粗石、石灰、水を混合することで小さな変化が起こり、それらが強くなることを経験上、理解していたのです。

　さらに適度に捏ねることで、コンクリートが自立する上で十分な強度を有することがわかり、今でも私たちが見ることができるヨーロッパのローマ時代の植民地都市にある水道橋や野外劇場、第5講で出てきたローマにあるコロッセオやパンテオンなどにポゾラン・コンクリートが使われています。逆に言うと、ポゾラン・コンクリートがあったので、あのような大空間や高さを有する建築が可能になったのです。第4講でイギリスのバースの話をしたのを覚えていますか？ローマ帝国は、ローマから2000km以上離れたスコットランドの手前までその領土を拡大し、すべての道はローマにつなげるべく、土木工事、水道施設を造ります。ちなみにローマ人が造った道路の総延長は、約30万kmと言われ、日本の高速道路の総延長のおよそ30倍です。ちょっと驚きだと思いませんか？

　その土木・建築工事で考え出されたアーチ構造やヴォールト構造が、その後の西洋建築の発展を促進するのです。実はこのような建設に関わる技術や創意工夫は、ローマ人すなわちラテン人が征服したトスカーナ地方に起源があるエトルリア人に遡ることができると言われています。それ

【図4】リュベトキン＋テクトン作品集　表紙

【図5】リュベトキン評伝　表紙

【図6】アラップによるサイロ施工の様子

【図7】アラップ評伝　表紙

ゆえ第2講で描いてもらったトスカーナ地方の州都である
フィレンツェの建築は、ルネサンスで花開いたこのラテン
人のヘレニズム的美的センスとエトルリア人の技術力との
融合でできあがったと言えるのです。

　ポゾラン・コンクリートは、15世紀以降、フランスの
建築家たちによく知られることになり、水中や湿地に立つ
建物の基礎に取り入れられました。また、ポゾランの代用
として「トラス」（タラス、テッラース）が17世紀までに
北ヨーロッパで広く使われるようになります。18世紀の
終わりから19世紀にかけて、セメント自体の成分が高温
での焼成によって改良され、その中でも最も知られている
のが、「ポルトランド・セメント」と呼ばれるもので、硬
化の風合いがイギリスの南部ポートランド島で産出される
ポルトランド石に似ていることからそのように呼ばれてお
ります。

　しかし、19世紀半ばにローマ時代から使われ続けてき
た水と混ぜると固まる不思議な材料、いわゆるセメントと
骨材の混合物であるコンクリートは、ここに鉄という材料
が加わることで進化していくことになります。最初に鉄を
加えることを考え出しのが、フランス人庭師のジョセフ・
モニエで、彼はすぐ壊れてしまう素焼きの粘土製の植木鉢
の代わりに、窯で焼く必要のなかったコンクリートを使い、
大きな植木鉢を作ったのですが、テラコッタ製と同じくひ
び割れが生じてしまいました。その解決策としてモニエは、
鋼鉄の輪をコンクリート内部に埋め込むことを試みた結
果、ひび割れが生じませんでした。その技術特許を取った
ことから鉄筋コンクリートが始まったとされております。
モニエが鋼鉄の輪を使った理由は、泥縄的な使い方だった
かもしれませんが、ひび割れ防止が主な理由だったと想像
されます。しかし、**そこには鉄とコンクリートのお互いの
弱点を補強し合う（これがreinforcedの意味です）性質
があったのでした。それは、引っ張りに強い鉄は圧縮には
弱く、その反対で、圧縮に強いコンクリートは、引っ張り
には弱い性質があります。力のかかり方と変形を考えて梁
材などに使うのであれば、無敵の材料となります。またコ
ンクリートのアルカリ性によって鉄が酸化すること（錆び
ること）を防ぎ、しかも見た目がまったく違うのに、ひび
割れの原因となる熱膨張率がたまたま同じだったのです。
つまり鉄とコンクリートはとても相性がいいと言えます。**

　前回の鉄について指摘しましたように、鉄骨建築の事例
は、産業革命後のイギリスから世界中に広がっていったと
はいえ、鉄鉱石は輸入するとしても鉄自体を自国で生産す
る国は少なく、前にも指摘したように、日本もようやく

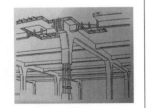

【図8】アンヌビクによる
RC構築構造

【図9】ペレによるRC骨組
図解

1901年に官営の八幡製鉄所ができてからですし、品質の
優れた材料として安定した生産はまだ先のことでした。そ
れに比べると、鉄筋コンクリートの材料は、鉄鉱石に比べ
ると砂や粗石、石灰など世界中どこにでもあり、それゆえ
自国で生産が可能で、つまり汎用性が高い材料でした。

　そのような鉄筋コンクリートを地上に建つ建物専用の構
造材料として導入したのが、これもフランス人構造技術者
であるフランソワ・アンヌビク【図8】と言われておりま
す。彼は1892年にベルギーのブリュッセルで最初の特許
を取得し、それを契機により品質の良い鉄筋コンクリート
を実験し開発しながら、パリに事務所を移転し、本格的な
建設会社として、その技術に関して世界的な競争力を有す
ることになります。

　1910年代にかけて、フランスに続き、ドイツ、アメリ
カに鉄筋コンクリートに関する水とセメントの割合（水セ
メント比）規準や打設方法、管理方法などが設定され、耐
震・耐火性能を有する建築材料としての信頼が高まってい
きます。しかしながら、まだもう一つの鉄筋コンクリート
造の特徴である自由な造形性を得るには至っていませんで
した。つまりあくまでも鉄骨を補強する構造材料としての
位置付けにあり、柱のスパン（柱と柱の間隔）が広くなっ
たというだけで、デザインを重視する建築家にとって鉄筋
コンクリートはまだ魅力のあるものとはなっていなかった
のです。そんな中でもル・コルビュジエや前述したバーソ
ルド・リュベトキンが鉄筋コンクリートの使い方を学んだ
ベルギー出身の建築家オーギュスト・ペレは、1903年に
パリのフランクリン通りに7階建てのRC造アパートを建
てております。柱によって垂直荷重を負担することで壁を
少なくし、自由度の高い室内空間を実現しております【図
9】。

　しかしながら、ペレによる建築はフレーム（骨組み）に
よって構成されていますので、建築に秩序は感じられるも
のの、ダイナミックな空間にはなっておりません（戦後、
戦災復興都市としてルアーブルのマスタープランと幾つか
の建築には、彼のRC造技術の到達点が見られます）。

　鉄筋コンクリートの特徴を活かしたダイナミックな空間
が最初に実現したのは、ドイツの技術によって1912年に
建てられた、ポーランドのブレスラウにある100年記念
ホールだと言われています【図10】。それは遠く古代ロー
マで実践されたアーチとヴォールト構造を、リブで構成さ
れたドーム状の屋根に使い、頂上に新しいRCの構造形式
であるシェル構造が架けられています。

　このシェルという貝殻を意味する名前がついている構造

形式が、鉄筋コンクリートの力学的合理性に基づく造形と空間の可能性を実現できるものとして、1920年代から建築家と構造技術者たちによって提案され始めます。フランスのウジェーヌ・フラシネ、スペインのエドワルド・トロハ、イタリアのピエール・ルイジ・ネルヴィ、メキシコのフェリックス・キャンデラがあげられます。いずれもいわゆるラテン系の国の出身で有名な建築家であり構造技術者ですので、どのようなシェル構造の建築を造っているのか、ぜひ自分で調べてみてください。

ラテン系の建築家・構造技術者によって進められていた鉄筋コンクリート技術は、1930年代にル・コルビュジエなどによって、それまでとは異なる新しい建築の流れが、ヨーロッパ大陸からイギリス、アメリカへと移っていく中で、アングロ・サクソン系と言えるオーヴ・アラップの登場によってさらに発展することになります。前述したようにアラップは、新しい建築の流れと同時に、パリからロンドンに活動の場を移していたリュベトキンと、彼が主宰するテクトンとの協同設計を始めるのです【図11】。ペンギンプールは、先ほど紹介した建築家たちによる大空間を有するシェル構造ではありませんが、**ここにもクリスタルパレスの時に話した自然環境との共生、アラップのいう「トータルデザイン」と1930年代にイギリスに亡命していたドイツの建築家ワルター・グロビウスが提唱した多領域を統合する思考方法である「コンポジット・マインド」（複合的思考）の実践の始まり**を指摘することができます。

ペンギンプールの造形を特徴づける二重螺旋のRC板の存在は、重要であることはもちろんですが、これらが長楕円形の形をした幾何学図形の中心にあり、そこから生み出されるダイアゴナル（斜線）を軸として、全体の構成、仕上げ材、色彩などが決まっています。このダイアゴナルの構成こそが、リュベトキンが1920年代にモスクワとベルリンで流行していた構成主義という動きに影響を受けたダイナミズム（律動的要素）すなわち社会改革の意志を象徴する形として多くの芸術家や建築家がデザインに取り入れたものでした。さらにこの長楕円形の形は、ペンギンプールの脇にあって工事の際に伐採が検討されていたニワウルシの高木の保存をリュベトキン自身が強く主張し、その象徴として葉っぱの形から生まれたものだったのです。中央に置かれた二重螺旋をしたRC板も、ニワウルシの葉っぱの中央にある種子部分の存在と重なっているのです【図12】。このリュベトキンのニワウルシに対する姿勢は、前講で取り上げたクリスタルパレスの中に楡の木を残すために屋根をヴォールトにしたことに通じています。アラップ社の哲学となっている「トータルデザイン」は、自然環境

に敬意を表した姿勢に他なりません。いずれにせよ、リュベトキンの社会改革の意志と自然との共生への思いを造形にするためには、鉄筋コンクリートの使用が最も適していると考え、アラップとともにその可能性を模索したのだと思います。

まとめましょう。ローマ時代からその不思議な硬化作用と強度が得られることが知られたコンクリートは、コロッセオやパンテオンなどの建築に使われ、アーチやヴォールト構造が発明されることで、大空間が可能となっていきます。19世紀以降、鉄骨（スチール）とともに、鉄とコンクリートの力学的欠点を補完しながら汎用性の高い近代的な材料である鉄筋コンクリートとして、世界中に広がっていきます。20世紀に入って、シェルという面材としての構造形式が発明され、古代ローマで実現した空間を継承する、より多様な空間と造形が実現されていきます。その中でもリュベトキンとアラップによるペンギンプールは、ローマ時代の建築に比べるならば、学生時代の私が気づかなかったように物理的には小さな存在ですが、その造形性という点において20世紀の鉄筋コンクリート建築、特にアラップが構造を担当した世界遺産となっているシドニーオペラハウスにつながっていくほど、建築家や構造技術者に与えた影響は、計り知れないものだと言えるのです。

【図10】ブレスラウ100年記念ホール施工中

【図11】ハイポイント１スライディング型枠方式

【図12】ペンギンプール全体・配筋・ニワウルシの葉

Sketch Workshop Lecture 9

L9-001　笹川武秀　作
所在地：ガール　設計者：不詳
ポンデュガール BC19 頃

L9-002　木村莉彩　作
所在地：パリ　設計者：A. ペレ
フランクリン街のアパート 1903

L9-003　後藤龍之介　作
所在地：シアース　設計者：ロベール・マイヤール
サルギナトーベル橋 1930

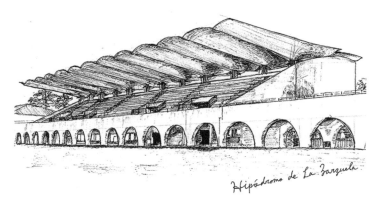

Hipódromo de La Zarzuela

L9-005　後藤龍之介　作
所在地：バレンシア　設計者：キャンデラ
オーシャン・グラフィック 1997

L9-004　山田弦太朗　作
所在地：マドリード　設計者：トロハ
サルスエラ競馬場 1936

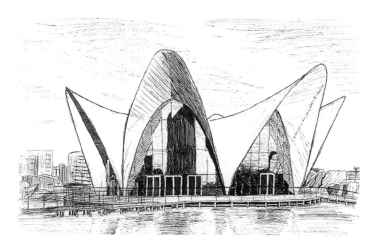

L9-007　植松美羽　作
所在地：シドニー　設計者：ヨーン・ウッツォン
シドニーオペラハウス 1972

L9-006　丸山みいこ　作
所在地：メキシコ　設計者：キャンデラ
ミラグローサ教会 1953

Lecture10

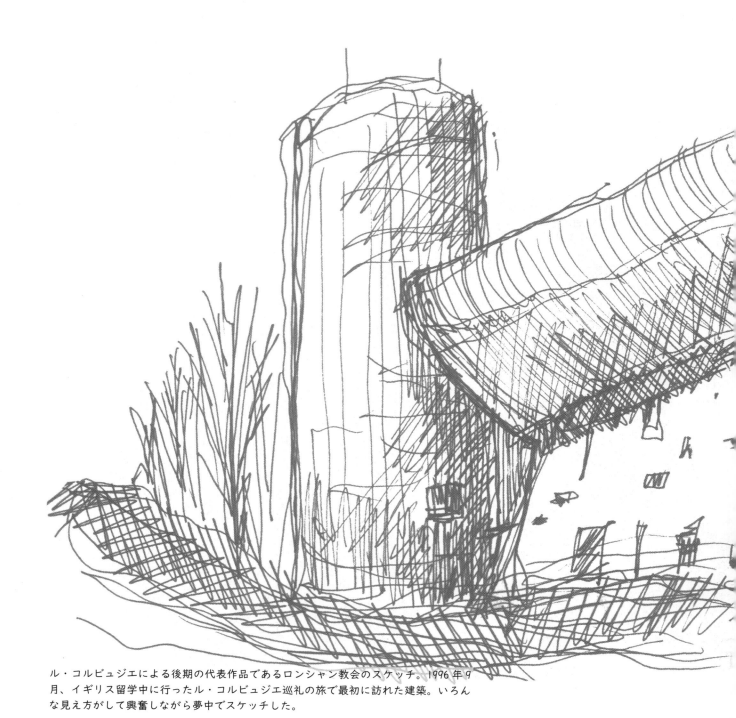

ル・コルビュジエによる後期の代表作品であるロンシャン教会のスケッチ。1996 年 9
月、イギリス留学中に行ったル・コルビュジエ巡礼の旅で最初に訪れた建築。いろん
な見え方がして興奮しながら夢中でスケッチした。

Study Points

1. ル・コルビュジエの作品はなぜ世界遺産となったのか？
2. 近代建築の5原則はどのような点が新しいのか？
3. リュベトキンによるル・コルビュジエへの返答とは何か？
4. ハイポイントⅠの特徴とは何か？
5. なぜ近代の建築家にはユダヤ人が多いのか？

Reference Books

ル・コルビュジエ（吉阪隆正訳）、建築をめざして、SD選書、鹿島出版会、1967
八束はじめ、ル・コルビュジエ、20世紀思想家文庫、岩波書店、1983
八束はじめ、ル・コルビュジエ　生政治としてのユルバニスム、青土社、2013
デニス・シャープ編（彦坂裕他訳）、合理主義の建築家たち、モダニズムの理論とデザイン、彰国社、1985
山名善之、世界遺産　ル・コルビュジエの作品群、TOTO出版、2018

第10講　憧れからライバルへ
建築家ル・コルビュジエ
（近代建築の巨匠1）

その死後半世紀以上が経った現在でも住宅・建築系の雑誌や書籍が出ている建築家ル・コルビュジエは、2016年に世界中7カ国に存在する17件の作品が世界遺産登録されています。今回の講義では、彼のどのような考え方や作品が評価されるか、彼に憧れを持った建築家を通して、その価値を考えてみます。

もしノーベル賞の対象領域に建築があったなら、誰が最初に受賞したでしょうか。ノーベル賞自体は、20世紀が始まった1901年から、物理学、化学、生理学・医学、文学、平和、経済学の5分野を対象に、顕著な功績を残した人物が選ばれております。なぜ建築学がノーベル賞に含まれなかったのでしょうか。それは、ノーベル賞そのものが、基礎的な研究成果や原理的な発見、すなわちそれらによって応用が可能であると想定されるものを対象としており、すでに応用された工学的な技術や個人の才能による芸術である音楽や絵画などは文学を除いて対象とされないからです。建築とは種々の知識や技術、さらには個人の主観的な感情である美的感覚が統合された分野に他なりません。それでは20世紀においてあえて建築領域で原理的な発見をし、現代の建築や都市デザインに顕著な貢献をしたのは誰か？　もうおわかりでしょうか。それは誰あろう今回のトピック、2016年にその作品群が世界遺産登録されたル・コルビュジエに他なりません。。

ちなみに最近日本人建築家の受賞が話題になっているプリツカー賞という建築賞は、よく建築界のノーベル賞としてマスコミで紹介されていますが、この賞はアメリカのホテルチェーンのハイアットホテル・アンド・リゾーツのオーナーである、プリツカー一族が運営するハイアット財団から建築家に授与されるもので、それゆえ多分に商業的な要素があり、ノーベル賞のような人類に対する普遍的かつ顕著な貢献ということはできません。とはいえ国際的に広く認められている建築賞であり、1979年から2019年までの41回の中で、アメリカの8人に続き、日本人は7人の建築家が受賞しており、いかに日本人建築家の国際的評価が高いのかを示していると言えるでしょう。

それでは、ノーベル賞に建築学があると仮定して、私が考えるル・コルビュジエによるノーベル賞の受賞理由は、

前回の講義でも指摘したように1920年代、スチールや鉄筋コンクリート、それと透明ガラスが使われることで始まったとされる、それまでの建築とは異なる新しい建築に対する原理の提案にあると考えます。それは、どこの大学でも「近代建築史」の講義で教えていると思われる、ル・コルビュジエによって1925年に提示された「近代建築の5原則」です。

> それではこのダイアグラムを見てください。はい、君、左列のそれぞれの図を説明してください【図1】

> えーっと、①がピロティで、1階部分が柱だけで構成されています。②が自由な平面、好きに壁を配置することで、③は屋上庭園、④は水平連続窓、⑤が自由なファサードです

> おースラスラと答えられるとは優秀です

ただ、右列の図と比較することがとても重要です。右列は彼が答えた左列と対応しており、それまでの建築、つまりは古い時代の建築のあり方、原理を示しております。①のピロティは、地面から立ち上がるという旧来の建築の原理を変え、床を浮かすことで、床下部分を駐車場や玄関と

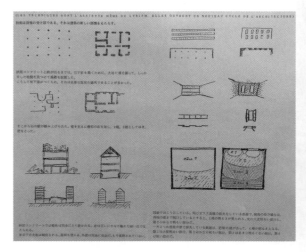

【図1】ル・コルビュジエの近代建築の5原則

して有効に使うことができる。その浮かした床を軒レベルに設定し、今までの建築にある傾斜屋根を取り払えば、狭苦しい屋根裏部屋がなくなり、そこは③の屋上庭園となり、土地が狭い都心の住宅に緑を提供することができる、というものです。②は旧来の住宅は上部の床を支えるために厚い壁によって仕切られておりますが、これも上部を支えるのを柱の役目とすることで、壁が構造としてではなく、単なる間仕切りとなることで、自由に平面を設定することができます。④と⑤は同じことを言っており、③の内壁と同様、外壁も構造から解き放すことで、それまで小さな開口部しか穿つことができなかった外壁に水平に連続して窓をとることができ、すなわち⑤の外壁自体が自由な立面構成となるわけです。この講義を行っている建物を見てください。柱と外壁面が構造的につながってはいません。この外壁のことをカーテンウォールといいますし、スキンといったりもします。ル・コルビュジエが今からおよそ100年近く前に提案した建築の原理に基づき、現代の建築が建てられているのです。

ル・コルビュジエは、この新しい建築や都市を提案していくことを、自分の考えに共感する仲間の建築家とともに、運動として盛り上げるために近代建築国際会議＝CIAMを1928年に設立します【図2】。途中第二次世界大戦でこのCIAMの活動は休止しますが、戦後、新たな体制で再スタートし、1956年の第10回会議で若い世代にバトンタッチしてその役目を終えます。このことは第14講で触れます。このCIAMでは主に新しい住居と都市のデザインが議論されており、その中でも近代建築の5原則の都市デザイン版とも言える「アテネ憲章」が提唱されます。その中で都市を「住む、働く、憩う、移動する」という4つの観点から検証し、CIAMの中で、各都市の調査と分析結果が発表され、都市の問題を国際的に共有する姿勢が取られました【図3】。ル・コルビュジエは、これからの都市には、「太陽、緑、空間」が必要だと主張します。このことからも**ル・コルビュジエは、よく批判されるような味気ない近代都市を提案したのではなく、人間が太陽と緑の下で健康に生きていけるような環境の実現を願った**のです。このような都市や建築に関する生命主義的な考え方については、次回の講義で取り上げます。

とはいえ、ここまではだいたいどこの大学でも教えていることでしょうから、この講義では、前講で取り上げたイギリスの建築家バーソルド・リュベトキンを通して、ル・コルビュジエを見ていきたいと思います。自信を持って宣言しますが、日本中いや世界中、他を探してもないル・コルビュジエについての講義だと多少大げさですが、そう言

えるのではないかと思います。

リュベトキンとル・コルビュジエとの関係は、幾分私の想像が入っているとはいえ、ある種の近親憎悪的な複雑な関係（これを心理学ではコンプレックスと言います）であったと考えられます。年齢でいうと1887年生まれのル・コルビュジエに対して、あ、これもウィキペディアで調べられますので、これまであえて言いませんでしたが、ル・コルビュジエはペンネームで、彼の本名はシャルル・エドワール・ジャンヌレと言いますが、リュベトキンは1901年生まれです。つまり14歳違いとなります。14歳というと一回り以上、高校生や大学生の感覚でいうと噂には聞くけどほとんど面識がない先輩、あるいは大学生と講師や若手准教授くらいの差で、自分の人生観や建築学生であれば建築観に憧れを持つ歳の差ではないでしょうか。

ル・コルビュジエは、リュベトキンがちょうど、モスクワ、ポーランド、ベルリンで建築を学んでいた1920年代に、前述した本名からペンネームのル・コルビュジエを使いだし、ペレにRCの使い方を学び、従兄弟のピエール・ジャンヌレとパリに事務所を構えましたが、まだ仕事がないことから自分の考えを表明するために「レスプリ・ヌーヴォー」という総合芸術雑誌を創刊しています【図4】。1923年には、そのレスプリ・ヌーヴォーに掲載した論考をまとめた『建築へ』を出版します【図5】【図6】。おそらく100％の確率で、リュベトキンは『建築をめざして』のフランス語版を読んでいるはずです。というのもジョージア生まれのユダヤ系のリュベトキンは、ユダヤの知識人によくあるように、語学的な才能があり、ロシア語はもちろん、ドイツ語、フランス語、そして英語をネイティブと同等に使いこなしていたと言われています。そんなリュベトキンは、モスクワやベルリンに滞在中、新しい建築に対する考えを持ったロシア構成主義者の建築家や芸術家が自分の周りにいることで、彼らを通してル・コルビュジエの存在を知ったのでしょう。そのうちの一人がデザイナーであり、同じユダヤ系であるエル・リシツキーで、リュベトキンは、ベルリンで開催されたリシツキーの個展の設営などを手伝っております。その時、前講で取り上げたペンギンプールの二重螺旋でダイアゴナルの構成を有するダイナミックな造形を、リシツキーによるメイエルホリドのための舞台セットのデザインをヒントに設計したのではと考えられます。二つを比べるとその形の類似が一目瞭然です【図7】【図8】。

ル・コルビュジエにリュベトキンが憧れを持ったことは、1925年の彼のパリへの移動がそのことを裏付けています。

【図2】第1回CIAM集合写真

【図3】第4回CIAM写真

【図4】レスプリヌーヴォー表紙

【図5】建築へフランス語版表紙

【図6】建築へ日本語版表紙

【図7】ロンドン動物園ペン
ギンプール竣工時

【図8】リシツキー　メイエ
ルホリドのための舞台セット

【図9】1925年アール・デ
コ博ソビエト館

【図10】1925年アール・デ
コ博レスプリ・ヌーヴォー
館

【図11】ヴェルサイユ街の
アパート外観

その同じような憧れを持って、遠く極東の日本から東京帝国大学の卒業式当日にパリに向けて1929年に旅立ったのが前川國男であり、その後続いてル・コルビュジエのアトリエで働く坂倉準三です。ちなみに坂倉とリュベトキンは1901年生まれで同い歳でありました。この二人の日本人建築家にならって、戦後、彼のアトリエに行く吉阪隆正は、ル・コルビュジエの日本人の三人の弟子として有名ですので、各自調べてみてください。

1925年のリュベトキンのパリへの移動にはもう一つ理由があります。1922年から24年にかけてフランクフルトなどに集合住宅の調査旅行をしていたリュベトキンには、実施設計に関して特に収まり図などの知識があり、ちょうど1925年パリで開催された装飾博覧会（アールデコ博）でのソビエト館を設計したウラジミール・タトリンの設計・現場監理の助手兼通訳として雇われます【図9】。そこで、ソビエト館の近くにあったル・コルビュジエによるレスプリ・ヌーヴォー館【図10】の洗練されたその姿を目の当たりにするのです。

リュベトキンは、ここで初めて憧れであったル・コルビュジエに会うことになります。直接自分たちのパビリオンについてコメントを求めます。そこで彼から次のような反応がありました。「君たちのもいいけど、バーバー（野蛮）だね」確かにル・コルビュジエによるレスプリ・ヌーヴォー館に比べると、ソビエト館のデザインは、ロシア構成主義に見られるダイアゴナルな形体によってダイナミックではありましたが、ル・コルビュジエが指摘したように荒々しく、フランス的なエスプリには欠けていました。この一言によっておそらくリュベトキンは傷ついたのではないかと思います。しかしそれと同時に彼にとってル・コルビュジエは、憧れの対象から追いつくべきライバルへと変わり、その後4年間にわたるパリでの設計活動にフランス的エスプリを実現させていくことになるのです。

リュベトキンは同じユダヤ系のフランス人建築家であるジーン・ギンズブルグと共同して、ヴェルサイユ街25番に9階建ての瀟洒なアパートを設計、建設します【図11】。各階のファサードは、ヴェルサイユ街の交通の流れを意識した水平連続窓で、中央部分にアルコーブ状のテラスが取られています。1階にはピロティはありませんが、管理人室が曲面となっており、スムーズなエントランスへの動線を演出しております。通りの反対側から屋上を見上げると、ペントハウス部分に水平の手すりが回っており、ここにも水平的な流れのデザインが強調されています【図12】。

各階にある住戸平面は、それほど大きくはありませんが、壁の配置は工夫されており、機能的な計画となっております。当時、リュベトキンは、フランスの建築雑誌『ラシテクチュール・ドールドゥジュイ』に、「開口部をどのように理解するのか」と題した論考をサッシュの断面詳細図とともに（当然フランス語で）書いており、ピロティはないものの、**ル・コルビュジエの近代建築の5原則に対する1度目の返答として、この作品を位置付けている**と考えられます。なお、今でもこの建築はヴェルサイユ通りにひっそりと佇んでいます。

リュベトキンは、モスクワのソビエトパレスのコンペ参加をきっかけに（ちなみにル・コルビュジエによる案は超有名で、丹下健三が学生時代に影響を受け、戦後、広島ピースセンターのコンペ案にパラボリックアーチを取り入れたと藤森照信先生が指摘されています）、1931年にイギリスへと活動の場所を移します。このユダヤ系知識人の空間移動、特にイギリスへの移動（亡命と言われる場合がありますが）は昔からあり、あのマルクスや晩年のフロイト、哲学者のヴィトゲンシュタイン、ポパー、ポランニー、美術・建築史家として有名なペヴスナーなどがそうです。彼らのように近代思想に大きな変革をもたらしたユダヤ人を、自身を含めて「非ユダヤ的ユダヤ人」と名付けたのは、同名の邦訳本が岩波新書から出ているイギリスの歴史家アイザック・ドイッチャーです。リュベトキンが渡英した後、ドイツ圏から多くのユダヤ系あるいは政治的に左翼系の建築家やデザイナーが、ヒトラー政権が誕生した1933年以降に、イギリスへと亡命してきます。グロピウス、メンデルゾーン、ブロイヤー、モホリ=ナギなどいわゆるドイツのバウハウスに関係していた人たちです。リュベトキンを含めて彼らも非ユダヤ的ユダヤ人建築家だと言えるでしょう。

リュベトキンは、イギリスでの活動を円滑に行うため、当時AAスクールやイギリスの大学を出たばかりの若い建築家たちと設計事務所であるテクトン（TECTON）を設立します。ちなみにテクトンとはギリシャ語で大工を意味します。リュベトキンはテクトンのメンバーを通して仕事の依頼を受けながら、前回紹介しましたロンドン動物園やイングランド中部のウィプスナード動物園全体の設計を行います。そして、**2度目のル・コルビュジエへの返答を1935年にロンドン北部のハイゲートに「ハイポイント1」として完成させます**【図13】。ハイゲートは、広大な緑地であるハムステッドヒースに面したロンドン北部の高級住宅街で、先ほど紹介したマルクスの墓があるハイゲート墓地があります。私も留学中、研究対象でもあったこともあ

りますが、住まいが比較的近いところにあったので、ハイゲートからハムステッドヒースにかけてなんども散策を楽しみました。

ハイポイント1は、そのハムステッドヒースの広大な緑を見渡すように、十字形が半階レベルを変えて二つ連結した平面形を有し、その白い清楚な姿で立っています。1階がエントランスホールと倉庫、2階から7階までにそれぞれ8住戸、合計48住戸で構成されています【図14】。構造は、少しでも有効にスペースを使うべく、鉄筋コンクリートの骨組みである柱・梁型をなくすために壁構造が採用されています。さらに建物の各所に工夫がなされており、一例をあげるなら、住戸のリビングルームに面した開口部は蛇腹式に全開することができたり、ワードローブやクローゼットが、十分なスペースを持って使いやすいように作り付けとして設けられております。さらに、暖房システムとして当時一般的であり、今でもロンドンではよく見かける温水ラジエータ式ではなく、壁床面に埋め込まれた形の暖房システム、いわゆる輻射熱を利用したものでありました。**施工方法に関しては、ペンギンプールで協同したアラップによる提案により、サイロを造る際に使われていたスライディング型枠方式が採用され、これによって工費の削減と工期の短縮化が実現しました。**しかも建設中に**AA**スクールの学生に対して、見学会を行うことで実際の建築が立ち上がってくる姿を見せ、建築教育に貢献しております。

一方、ル・コルビュジエは、既に1931年にマスターピースと言われるサヴォア邸を完成させ、国際的な名声を確かなものとしていたのですが、柱梁以外の壁にはレンガブロックが積まれ、その上からモルタルが塗られているというものでした。確かにサヴォア邸は、近代建築の5原則に従い、エスプラナードと呼ぶスロープが室内外に貫入しているのですが、施工方法や設備計画、詳細設計、さらに言うならば持続可能性の側面など、総合的に建築を評価するのであれば、ハイポイント1に軍配があがるのではと私は思います。事実、サヴァア邸は、ナチスによる占拠と言う不幸なことがあったにせよ、建設後30年も経たずして廃墟のようになってしまった一方、ハイポイント1は現在でも、メンテナンスや修復がされながら、建設当時の姿を保っております。

ところで、ハイポイント1がリュベトキンによるル・コルビュジエへの2度目の返答になるというのは、ル・コルビュジエ自身がこのハイポイント1が完成した際、今でいうオープンハウスの招待状を受け取り、わざわざロンドンまでこれを見に来たことからもうわかります。この招待状

にリュベトキンのハイポイント1に対する揺るぎない自信を伺うことができます。ただ不思議なことにリュベトキンは、ル・コルビュジエのハイポイント1の見学をテクトンの所員に任せます。一方、ル・コルビュジエは、このハイポイント1の建築としての質の高さを認め、1936年1月号のイギリスの建築雑誌『アーキテクチュラル・レビュー』に「垂直田園都市」として批評文を掲載しております【図15】。他人の作品を褒めないル・コルビュジエにしては、珍しくこのハイポイントを絶賛しているのですが、これも不思議なことに設計者であるリュベトキンの名前は出さず、「この建築家」と言っているだけで妙にヨソヨソしいのです。建築は褒めるけど人間は褒めないという、ル・コルビュジエの負けず嫌いの性格を表しているのかもしれません。

時間がなくなりました。実はこの2年後にハイポイント1の横にハイポイント2が増築されるのですが、これがリュベトキンのル・コルビュジエへの第3のそして最後の返答になることは、後の講義で取り上げます。

まとめましょう。その作品群が世界遺産登録されるほど建築・都市の発展に寄与したル・コルビュジエは、現在の建築・都市の考え方の原理を、近代建築の5原則やアテネ憲章において提示した近代建築の巨匠の一人だと評価されています。当時いや現在に至るまでル・コルビュジエに対して憧れを持つ数多くの建築家たちの中で、1925年パリで彼と出会ったリュベトキンは、その後、パリとロンドンでの建築作品を通してル・コルビュジエへの3度の返答を行ったと考えられます。それは憧れの対象からライバルとしての存在に対して、自らの建築をル・コルビュジエの考え方を進化させた形で提示するというものでした。

【図12】ヴェルサイユ通りのアパート屋上

【図13】ハイポイント1航空写真

【図15】ル・コルビュジエ批評文

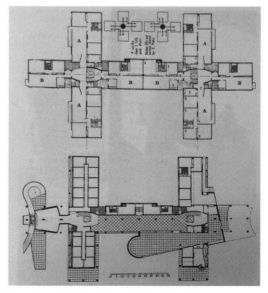

【図14】ハイポイント1　1階・基準階平面図

Sketch Workshop Lecture 10

L10-001　渡邉優太　作
所在地：パリ　設計者：ル・コルビュジエ
サヴォア邸 1931

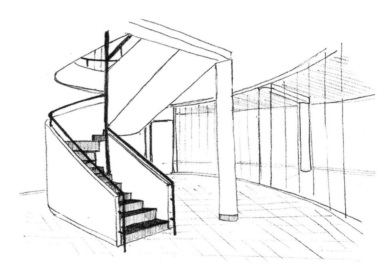

L10-002　木村莉彩　作
所在地：パリ　設計者：ル・コルビュジエ
サヴォア邸内部 1931

L10-003　笹川武秀　作
所在地：パリ　設計者：ル・コルビュジエ
スイス学生会館 1932

L10-004　松本乙希　作

所在地：ル・トロネ　設計者：不詳

ル・トロネ修道院 1160-1200 年頃

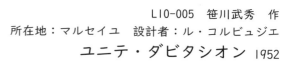

L10-005　笹川武秀　作

所在地：マルセイユ　設計者：ル・コルビュジエ

ユニテ・ダビタシオン 1952

L10-006　岩瀬和宏　作

所在地：チャンディガール　設計者：ル・コルビュジエ

チャンディガール議事堂 1962

L10-007　小山裕史　作

所在地：ロンドン　設計者：リュベトキン＋テクトン作品

フィンスベリー・ヘルスセンター 1938

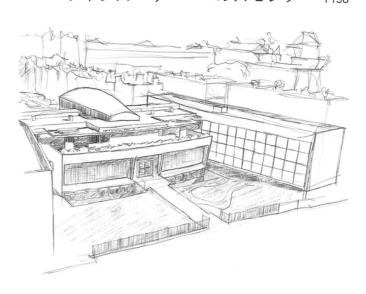

Lecture11

94. 4 26 Guggenheim Museum.

1994年11月、AAスクール大学院留学中にスクールトリップで訪れたニューヨークで
描いたグッゲンハイム美術館の外観と内部のスケッチ。この時はニューヨークだけで
なく、7人の友人たちとレンタカーを借りて1泊2日のまさに弾丸ツアーでバッファ
ロー郊外にある落水荘を見に行った。

Study Points

1. プリミティブハットとは何か？
2. 自然と建築との形にある関係性とは？
3. 機能主義とは何か？
4. フランク・ロイド・ライトの有機的建築とは？
5. 建築と音楽との関係性とは？

Reference Books

ロージェ（三宅理一訳）、建築試論、中央公論美術出版、1986
オルギヴァンナ・ライト（遠藤楽訳）、ライトの生涯、彰国社、1977
フランク・ロイド・ライト（富岡義人訳）、自然の家、ちくま学芸文庫、2010
フランク・ロイド・ライト（三輪直美訳）、有機的建築　オーガニックアーキテクチャー、筑摩書房、2009
ケヴィン・ニュート（大木順子訳）、フランク・ロイド・ライトと日本文化、鹿島出版会、1997
谷川正巳、フランク・ロイド・ライトの日本　浮世絵に魅せられたもう一つの顔、光文社新書、2004
ブルース・ブルックス・ファイファー（渡邊研司訳）、フランク・ロイド・ライト（コンパクトミディ・シリーズ）、タッシェン、2003
ルイス・サリヴァン（竹内大他訳）、サリヴァン自伝　新装版、鹿島出版会、2012

94. 4.22　Solomon R. Guggenheim Museum

第11講　建築も都市も生きている
建築家フランク・ロイド・ライトの
有機的建築（近代建築の巨匠2）

機械の合理性に着目したル・コルビュジエに対して、フランク・ロイド・ライトは、自然や生命体が有機的システムとして有する「単純性」や「統一性」という考え方をすべての建築や都市に広げていきました。ここでは、その思想に至るまでの彼の受けた家庭環境や教育に触れながら話をしていきます。

まずこのスライドを見てください【図1】。

【図1】ロージェ建築試論　プリミティブハット挿絵

これは何を示しているのでしょうか。と言っても今回は見たままを答えるしかないのかなと思います。そこのあなた、何に見えますか？

森の木を柱として枝を小屋組にしてできた家のようです。それとそのそばに女神が神殿の一部イオニア様式の柱頭の破片に腕をおいて、天使にその家を見るよう、指し示しているのでしょうか？

そうですね。いきなりにしては、観察力がありますね

【図2】木造神殿再現図

これは通常の西洋建築史では有名な絵で、18世紀フランスの修道士であるマルク・アントワーヌ・ロージェによって書かれた『建築試論』の中にある「プリミティブ・ハット」（原始の小屋）と言われる挿絵です。この本でロージェは、フランス絶対主義を進めるルイ14世から16世による古典主義建築の復活に対して、建築の原型である柱・梁の軸組構造こそ、建築の真実の姿でありそれに戻すべきだと提案したのです。

時代はまさに啓蒙主義と言われており、第5講で取り上げた啓蒙主義建築家と言われるルドゥーやブレー、ルクーなどが球体やヴォールトなど幾何学形状の建築や、建築の機能をそのまま形にした歌う建築と呼ばれる計画案を設計しています。一方、王立建築アカデミーが設立され、古代性を主張するジャック・フランソワ・ブロンデルと近代性を主張するクロード・ペローによる対立の構図が出来上がっていく時代でもあります。

ロージェからペローを経たフランス合理主義思想は、前回見たル・コルビュジエによる近代建築の5原則へとつながる視点なのですが、今回はこのことでなく、ロージェが自然に着目した点に注意したいのです。そもそも西洋の古典主義建築の見本となったアテネのアクロポリスの丘にあるパルテノン神殿は、その原型は木材を使っており【図2】、その痕跡として柱にフルーティングと呼ばれる筋を入れたり、柱頭に渦巻き状の蔦やアカンサスの葉っぱがモチーフとして使われていることからそのように言われております。時代を中世に見るなら、第6講で取り上げたゴシックのカテドラルの空間は、ゴート人がいた森の中がそのモチーフとなっていると言われています。つまり、古代から建築は、自然やその現象を外観や内部空間のイメージとして取り入れていることは明らかです。

そして19世紀末には、第7講のアール・ヌーヴォーに関する講義で説明したように、自然の形態を建築や家具、照明器のデザインに取り入れるという流れは、一時的な流行としてすぐに終わりを迎えることになります。同時に19世紀からそれまでわからなかった人間の身体、動植物の生命体としての仕組みや器官が有する機能などが、顕微鏡の発明により次第に明らかになり、生物学が誕生することになります。この「機能」という言葉こそ、それまでと

は異なる新しい建築を考える上で重要になるのです。機能は英語でfunctionと言います。数学の一次関数を示す式は、$y=f(x)$でこのfがfunctionのfです。関数は函数とも表示され、函（箱）の中にxを入れると1対1の対応でyが出てくるというイメージです。

　つまり**機能主義とは、中身の内容であるプログラムと外の形式が1対1で対応すること**を意味します。これがアメリカのシカゴで活動した建築家であるルイス・ヘンリー・サリヴァンによって示された Form follows Function= 形態は機能に従うというル・コルビュジエによる近代建築の5原則とともに近代建築の原理とされています。これは生命体のシステムにも当てはまり、人間や動植物などの各器官の機能は、自然選択の結果、創造主（神）が考えたとしか思えないほど、素晴らしく合理的にその役目を果たしております。この部分と全体との統一的な関係を有する建築をサリヴァンの下で設計を行っていたフランク・ロイド・ライトが【図3】有機的建築として、1910年以降に住宅を中心に、次々と実現していきます。有機的建築というと、生命体が持っている形態を真似た建築、前述したようなアール・ヌーヴォー様式に見られるような建築に捉えがちですが、単に表面的な形態ではなく、部分と全体が結びついている建築を指すのです。今回のテーマは、有機的建築を生み出したとされる、ル・コルビュジエと並ぶ近代建築の巨匠としてライトを取り上げたいと思います。

　ライトは、その名前を聞いたことがある人もいるでしょうが、前回のル・コルビュジエ以上に日本との関わりが深い建築家です。またまた私事ですが、大学受験の際、建築家を目指そうとして、最初に買った本がライト夫人であるオルギヴァンナ・L・ライトによる『ライトの生涯』(1977)という、ライトの日本人の弟子である遠藤新の息子、遠藤楽の翻訳による本でした【図4】。この本では、ライト夫人によるライト自身の言葉が引用されており、ライトの有機的建築の思想だけでなく、どのように建築家を育てるのかという教育哲学を知る上で、今読んでも素晴らしい本です。翻訳者の遠藤は、それら二つのこと以上に、現在の社会に（1970年代当時）に失われかけている人間の良心を奮い起こしてくれるような気がすると言っています。

　なぜ私はこの本を手に取ったのでしょうか。なぜル・コルビュジエでなくライトだったのでしょうか。大学受験浪人中の私は、ル・コルビュジエのことは知りませんでしたし、建築学科の学生となっても、正直ル・コルビュジエの作品は、上野の国立西洋美術館は見たとはいえ、いいとは思いませんでした。むしろ、ライトの流れるような平面計

画を有するプレーリーハウスに感動し、それをもとに（正確に言うと吉村順三の自邸ですが）住宅の課題をやったことを覚えております。いずれにせよ、浪人中、ライトを知ることになったきっかけは、母が長年購読していた『婦人の友』という雑誌に、ライトのことが頻繁に紹介されており、たまたまその記事を目にしたことで興味を持ったのだと記憶しております。後からわかったのですが、その『婦人の友』を発行している自由学園こそ、帝国ホテルの建設で来日していたライトが、創設者の羽仁もと子・吉一夫妻の依頼で設計した女子学校なのです。

　『ライトの生涯』の中で私にとって特に印象深かったのは、建築そのものではなく、ライトの設計アトリエであり、学校であり、共同生活の場所であるタリアセン（イーストとウェストがあります）での、ライトを含めた弟子達による楽器の演奏会のくだりでした【図5】。ライト夫人は次のように語っています。

　「*彼（ライト）にとっては建物もまた歌うのであった。建築は、平面、深さ、高さのハーモニーであり、生活の心であり、人間の表現であった。それゆえに、彼は音楽をその構成的な面から語った。彼はまた、内面的な意味においては音楽と建築は同一であると考えていた*」。

　またライト自身の言葉を次のように引用しています。

　「*すべての芸術の中でも、音楽は私がそれなしでは生きてゆけないものであった。そして—『交響曲は音の建築である』と、父に教えられたように—私は音楽の中に、共感的な建築との平行線を見出した。ベートーヴェンも、そしてさらにバッハも私の精神的な領域においては気高い建築家であった*」。

　この言葉に受験生の私は、いわばノックアウトされたのです。

　「**建築は凍れる音楽だ**」という表現が西洋にはありますが（これ自体はドイツの哲学者シェリングによるものをゲーテが広めたとされる）、設計には音楽的な要素であるリズムやハーモニーが必要であることをライトが強調していたことです。たまたま高校時代に吹奏楽部で音楽に夢中になった経験があったので（全国吹奏楽コンクールに九州代表として2回出場しました）、この言葉が建築へと進む

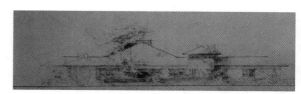

【図3】ライトがサリヴァンに見せた図

【図4】ライトの生涯表紙

【図5】タリアセン音楽・演劇公演ポスター

【図6】ヘンリーソロー
ウォールデンの森

【図7】ヘッケル放散虫類
ドラタスピス

【図8】サリヴァン外壁装飾

ことを後押ししてくれたのです。「いつか自分で設計した
ホールで音楽を聴いてみたい」というのが私の夢であり（実
はライトの夢でもありました）目標となったのです。ライ
ト自身、先の引用にもあるように、父親が教会のオルガン
奏者であり、ル・コルビュジエも、母親はピアノの教師で
兄は作曲家です。おそらくそのような音楽的な家庭環境に
よって、**ライトもル・コルビュジエも、建築デザインに必
要とされる、時間的芸術である音楽にある美の調和に感動
する心を養うことができた**のだと思います。

　幼い頃から父親が教会で奏でるオルガンの響きの美しい
旋律に接していたライトは、同じような心を持って自然の
美しさや神秘性を感じることができたのだと思われます。
さらに、19世紀からアメリカにおいては、ホイットマン（詩
人）、エマソン（思想家）やソロー（作家）による自然主
義文学や詩、思想が人工的な社会批判とともに盛んであり、
それらの思想が、後の有機的建築へとつながるライトの思
想的基盤となったのではと思います【図6】。第7講で取
り上げた、放散虫という不思議な形態に魅せられたヘッケ
ルというドイツの進化学者のことを覚えているでしょう
か。ヘッケルはライトよりは30歳ほど年上で、ドイツと
アメリカという違いはありますが、もしかするとライトは
ヘッケルが描いた放散虫の画集を見たのかもしれません
【図7】。ライトの師匠のサリヴァンによる建築装飾の幾つ
かは、アメリカにおいても流行したアール・ヌーヴォーに
見られる植物のパターンなどを取り入れております【図
8】。ただ、先ほど指摘したように、有機的建築というのは、
生命体の形を有しているのではなく、ヘッケルが1866年
に出した著作『有機体の一般形態学』で述べているように、
部分と全体との統一、精神と物体、主観と客観を統一する
考え方、汎神論的な一元論に基づく建築だと言えます。

　先ほど言ったライトと日本との関係については、多くの
小説や著作、学術的な研究がなされていますので、それら
を読んでみてください。また、ライトが設計に関わった旧
帝国ホテルの玄関部分は、現在は愛知県犬山市にある明治
村に移築され、その一部ですが当時の華やかなロビー空間
が体験できます。東京の池袋にある自由学園明日館と西宮
市の夙川にある旧山邑邸（現ヨドコウ迎賓館）は、二つと
も重要文化財に指定されていますし、明日館は内部の見学
ができますのでぜひ訪れてください。多分明日館とその一
帯において、ライト特有の低く抑えられたスケールを感じ
ることができると思います。

　実はライトはアメリカで施主の夫人との不倫関係やタリ
アセンがお手伝いによって放火されるなど、いろいろなス

キャンダルに巻き込まれ、その結果、ピューリタンの国だ
からでしょうか、一時期、アメリカでの設計活動ができな
くなります。ライトについてはこのような人間模様を描く
裏話が数多くあり、君たちにとっては興味があるのかもし
れませんが、彼が設計する建築作品とは直接関係がありま
せんので、この講義では触れません。でも後で卒業生に聞
くと講義での雑談をよく覚えているんだよね。まあ私自身
も近江先生のコンペ審査の裏話をよく聞かされ、今でも印
象に残っています。閑話休題。

　ライト夫人による『ライトの生涯』という本の中で述べ
られている、ライトの建築思想である「有機的建築」とあ
と二つのキーワード「単純性」（Simplicity）「統合性」
（Integral）について考えていきましょう。これについても
この本の翻訳者である遠藤による「まえがき」での解説が
素晴らしい。遠藤もライトによる有機的建築が大地に密着
して、水平線を強調されたというその形から判断すること
の間違いを指摘しています。遠藤は樽を使って有機的建築
を説明します。樽は木を板状に削り、それらを寄せ合わせ、
これに竹で編んだタガをはめ込んで作られています。人間
がこの樽を作れるようになるのには長い年月を要したと遠
藤は言います。祖先の経験を通して「木」や「竹」の性質
を学びとり、さらにその工法を考え出すことによって樽は
出来上がります。この樽の形を単なる思いつきで変えよう
としても、この樽の形がある条件の中でこの形にしかなれ
ないようなギリギリの姿をしているゆえに、自分を飾る何
の装飾もなければ奇をてらったものでもなく、ただあるが
ままの姿だからこそ美しいのです。

　ライトが言う「単純性」とは、この樽に見られるような
ギリギリの姿であり、いわゆる「シンプル」とはまったく
意味が異なると遠藤は言います。**この「材料の性質を学び
取る」ということは、ライトが常々口にした「ネイチャー・
オブ・マテリアルズを学ぶ」ということであり、この樽の
ようにその材料（木と竹）がその中身とともにお互いに働
きかけ合いながら一つの全体を創り出しているものを「有
機的」と呼び、したがってこの樽は有機的建築であり、同
時に単純性を持った統一体であるということができるので
す。**

　ここに、19世紀における生物学や進化論からの影響を
見ることができると思います。進化論とはいわば生物の歴
史学であり、自然界に生きるすべてのものは、想像できな
いくらいの時間をかけて、漸進的に自然環境に適応しなが
ら（自然選択という言い方をします）、その形でなければ
生き残ることができなかった姿に変わっていったのです。

ただ、この進化論の考え方に対して、吉川浩満は『理不尽な進化』(2021) の中で、生物でこれまで生き残ってきたのは、0.1%すなわち99.9%の生物は絶滅しており、生き残ったのは環境適応というよりたまたま運が良かったと今までの進化論の考え方を看破しています。

いずれにせよ、時間をかけてその地域に形成されていった集落や民家というバナキュラーな建築の姿に私たちは感動するのです。

ところでこの進化という日本語は、英語で言う evolution を明治時代に翻訳した言葉で、いわゆる強いものが生き残っていき、発展していくといった強者の論理となる社会進化論に結びついてしまう言葉です。実際、20世紀の初めには、日本を含めてイギリスやドイツ、北欧などの国においてこの社会進化論が広まり、その後、社会的弱者の排除すなわち優生学という悪しき断種政策につながってしまいます。本来、evolution は巻物を広げるといった意味があるようで、進化発展していくといった意味とは異なるとされています。それを19世紀から出てくるナショナリズムと資本主義の社会的背景に対する、ある種の理論武装として使われてしまったと言われております。

しかしながら、ライトの有機的建築という思想においては、ライトが同時代であったにもかかわらず、このような社会進化論に見られるような強者の理論を建築や都市に適応するのではなく、むしろ**自然が有する共存性や連関性、すべてのものにある法則（プリンシプル）を学び取る（抽出する）ことが重要である**とライトは主張します。また、ライトは自然の条件を忘れてその形だけを模倣するならば、それはスタイルブックに見られるようなスタイルに成り下がるとして、形だけを真似しないようにと若い世代に警鐘を鳴らします。つまり君たちがレポート課題でよくやるであろうコピペは、まったく意味のないことであるばかりか、人間の知的な活動に対して害悪であるに過ぎないのです。ただ、本来「学ぶ」は「真似ぶ」から由来しているように、自然の姿や美しい形を、画家が模写をするように自分の手で描いてみること、これは大切なことであることは、この講義の目的からも理解できると思います。**手を動かすと同時にその理由やその形に至る経緯、法則を思考してみること、有機的建築を実現するためには、このプロセスを経ることなくして至ることはない**と思われます。

『ライトの生涯』では、「生ける都市」（The Living City）という章があります。そこでは19世紀末からイギリスで始まった田園都市運動に影響を受けた「ブロードエーカー・シティ」という都市デザインが提案されております【図9】

【図10】。有機的建築を都市に広げようというライトの試みだと捉えられます。ライトは「われわれが必要としているものは、都市と田舎との結合である」と言っております。これは田園都市運動の生みの親とされるイギリス人エベネザー・ハワードの都会と田園との結婚と同じ考え方です。これについては、次回の講義で取り上げますが、ここに都市という共同体としての理想形をライトは提案しているのです。

【図9】ライト　ブロードエイカー・シティ　スケッチ

ライト夫人によると、ライトはたとえそれが大統領であれ、石工であれ、大工であれ、ポーターであれ、すべての人々と常に差別や気どりがなく、また純粋なる尊敬の念を持って接していたそうです。彼の建築が表現していたのは、その自然な平等意識であり、持って生まれた自由と優雅さでありました。工場で働いている人にとって快適な建築空間がどのようなものなのかを真剣に考え、そこには人間の必要性から遊離した抽象的な概念はまったくありませんでした。**彼の理想は非現実的な抽象主義ではなく、その奥深くに民主主義の理想があり、それがライトの基盤**だったのです。それが慎ましやかな住宅であれ、大きな建物であれ、そして都市であれ、常に人間を代表する生きた有機体であり、それらは彼の中にある最高のものを表現していました。

まとめましょう。フランク・ロイド・ライトは、ル・コルビュジエと並び称される近代建築の巨匠の一人であり、事実、2019年にル・コルビュジエに続いてアメリカでの作品群が世界遺産に登録されました。彼の建築への姿勢を代表する有機的建築という考え方は、アール・ヌーヴォーのような生物の形としてではなく、19世紀に誕生した生物学や進化論といった有機体としての自然や生命体が有する法則や原理、すなわち「単純性」や部分と全体の「統一性」を、生きていく人間のために建築や都市のデザインに適応するものでありました。

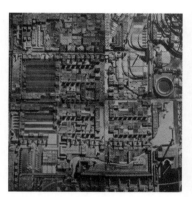

【図10】ライト　ブロードエイカー・シティ　模型

Sketch Workshop Lecture 11

LII-001　瓦林由衣　作
所在地：シカゴ　設計者：フランク・ロイド・ライト
ロビー邸 1906

LII-002　植松美羽　作
所在地：シカゴ　設計者：フランク・ロイド・ライト
ユニティ・テンプル 1908

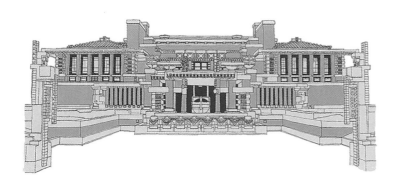

LII-003　小竹広大　作
所在地：東京都　設計者：フランク・ロイド・ライト
帝国ホテル（一部移築） 1923

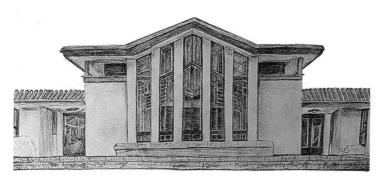

LII-005　後藤龍之介　作
所在地：ピッツバーグ郊外
設計者：フランク・ロイド・ライト
落水荘 1936

LII-004　林夏摘　作
所在地：東京都　設計者：フランク・ロイド・ライト
自由学園明日館 1921

LII-007　小竹広大　作
所在地：兵庫県　設計者：遠藤新
旧甲子園ホテル 1930

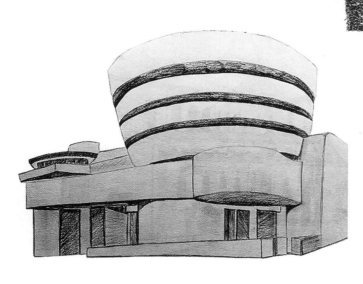

LII-006　林夏摘　作
所在地：ニューヨーク　設計者：フランク・ロイド・ライト
グッゲンハイム美術館 1959

L e Corbusier
西方への旅 3

ル・コルビュジエをめぐる旅

このスケッチの旅は、パリではじめてル・コルビュジエの作品に触れ、彼の全作品を見たいという衝動から始まったものです。無論、まだ欧米のいくつかとアルゼンチンやインドのアーメダバードにあるものは見ておりません。ただ、ル・コルビュジエがスイスのラ・ショー＝ド＝フォンで生まれ、カップマルタンの海辺でなくなったその場所を訪れたいという思いがありました。この旅は、留学中の1995年の4月4日から12日までの9日間に実施されたものです。

1. ロンシャン教会 外観

最初はパリの東駅からジュネーブ行きの特急、その名もル・コルビュジエ号に乗り込み、ロンシャンの手前の特急の停車駅であるリュールで下車。タクシーか何かで行こうと考えたのですが、はるか遠くにロンシャンが見えるので、歩けると判断し、N19をひたすら歩いていたところ、途中あまりに遠いので諦めかけていたところ、地元のスクールバスに乗っけてもらい、中学生たちとロンシャン教会の下まで行くことができました。フランス人も田舎だと優しい人がいると感動しました。1図と2図までがその時のスケッチです。

2. ロンシャン教会 内観

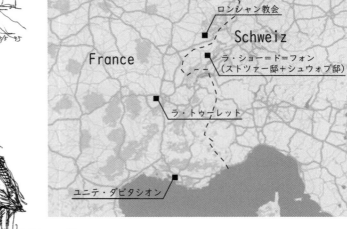

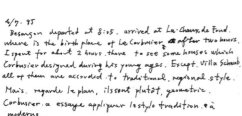

Villa Stotzer. 1908

次にスイスのラ・ショー＝ド＝フォンに行き、そこでル・コルビュジエの初期の住宅作品や映画館などを見ました。それが3図です。

Villa Schwob 1914

3. ラ・ショー＝ド＝フォン（ストツァー邸＋シュウォブ邸）

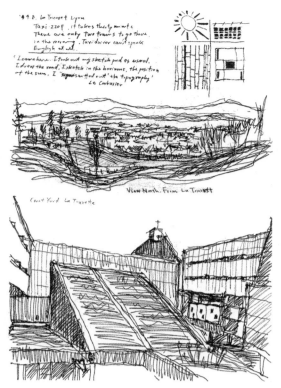

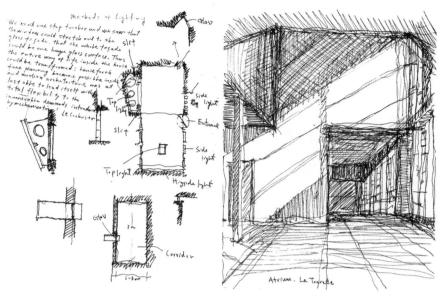

リヨンに入り、リヨン郊外のラ・トゥーレット修道院を見学。建物の内外をじっくり見ることができました。その時描いたのが4図から6図です。傾斜地に立つこの建築は、瞑想の空間と同時に修道士が生活する場でもあります。中庭を囲んだ回廊をめぐることで、瞑想と生活の場が音楽的なパッセージによって見事に融合されていると感じました。

4. ラ・トゥーレット　概念図と中庭部分

5. ラ・トゥーレット　回廊部分と採光方法の分析

この建築のアイデアとなったプロバンスにあるル・トロネ修道院も当然のごとく思い、マルセイユのユニテにあるホテルに宿泊し7図と9図を描き、その後、バスとタクシーを乗り継いで、ル・トロネ修道院を訪れることができました。そこで描いたのが10図から13図で、予約したタクシーの時間が迫っている中、ル・コルビュジエの作品より多くのスケッチを描きました。この空間・時間体験は忘れることができません。

6. ラ・トゥーレット　採光方法断面分析

8. ユニテ・ダビタシオン　船上デッキのような屋上

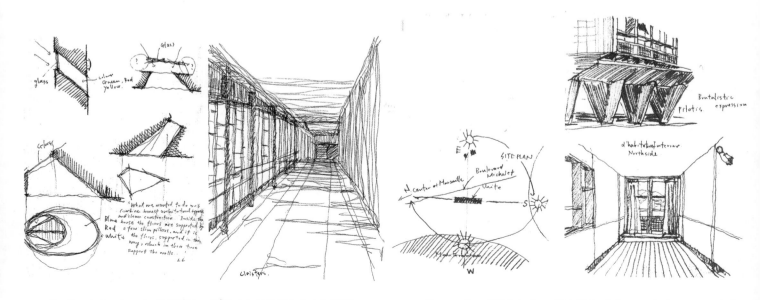

7. ラ・トゥーレット　礼拝堂トップライトとリズミカルな回廊

9. ユニテ・ダビタシオン　概念図及びピロティ部分とホテル客室

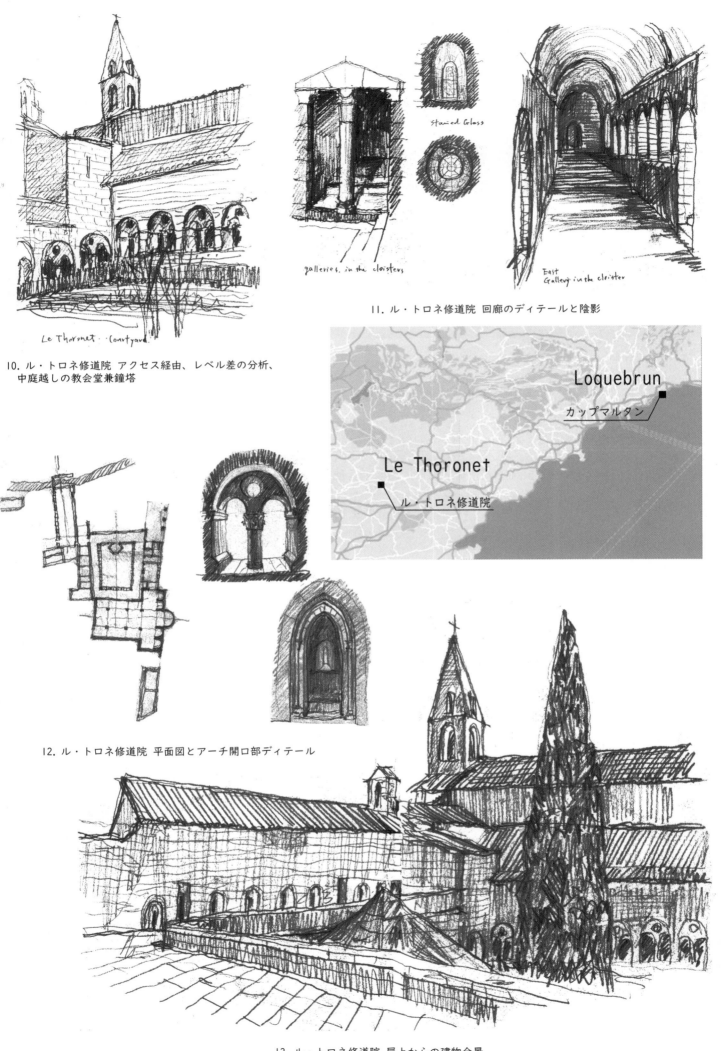

Le Thoronet · Courtyard.

10. ル・トロネ修道院 アクセス経由、レベル差の分析、
中庭越しの教会堂兼鐘塔

Stained Glass

galleries in the cloisters

East
Gallery in the cloister

11. ル・トロネ修道院 回廊のディテールと陰影

Loquebrun

カップマルタン

Le Thoronet

ル・トロネ修道院

12. ル・トロネ修道院 平面図とアーチ開口部ディテール

13. ル・トロネ修道院 屋上からの建物全景

そして、いよいよル・コルビュジエ終焉の地であるカップマルタンのプチキャビン。こんな狭いところで、いやこの空間だからこそ、彼は新しい建築の姿を構想できたのだと思います。丘の上にあるル・コルビュジエの墓を訪れる途中、中世の面影を残すロックブルという町を通り、見えがくれする地中海を望むことができました。そこで描いたのが、14図から18図です。

14. カップマルタン 全景

Le Ptit Cabanon

15. カップマルタン プチキャビン

Roquebrune Village

16. ロクブルン 街並

Roquebrune Village.
to Mère de Méditerranean.

17. ロクブルン 地中海を望む

Grave of Le Corvisier.

18. ル・コルビュジエ 墓

19. 海辺の街セット

これでル・コルビュジエをめぐる旅は終わるのですが、ル・コルビュジエとも関連があるとされる同時代のフランスの知識人、ポール・ヴァレリーのゆかりの地である海辺の街セットも訪れました。その時描いたのが、19図です。二人の知性を育んだ地中海の精神と肉体とは一体何なのか？この問いはずっと続いております。

Lecture12

'93. 9/5 l New Lanark

1993 年 8 月、エディンバラの語学学校の友人たちと小旅行をして、その後、別れて一
人で訪れたニューラナークを望む丘から描いたスケッチ。文化遺産としてのユートピ
ア都市のあり方を伝えている。

Study Points

1. なぜ建築家たちは集まって住むことにこだわるか？
2. 田園都市という発想が生まれた理由とは？
3. 日本における田園都市の影響とは？
4. ユニテ・デビタシオンとはどのようなデザインなのか？
5. リュベトキンはなぜハイポイント 2 にカリアティドをデザインしたのか？

Reference Books

エベネザー・ハワード（山形浩生訳）、〔新訳〕明日の田園都市、鹿島出版会、2016
西山八重子、イギリス田園都市の社会学、ミネルヴァ書房、2002
エドワード・ベラミー（山本正喜訳）、顧みれば、岩波文庫、1953
内務省地方局有志、田園都市と日本人、講談社学術文庫、1980

第 12 講　集まって住むこと
理想の共同体を求めて

集合住宅という建築のタイプは、20世紀になって建築家たちの創意工夫により発展を遂げます。今回の講義では、その源流をイギリスの田園都市運動に見て取り、その後近代国家としてイギリスを凌駕していくドイツへの流れとル・コルビュジエが設計した第二次世界大戦後のユニテ・ダビタシオンの空間構成の特徴について話をします。

前回まで取り上げたル・コルビュジエやライトなど、近代建築の巨匠たちを含む多くの建築家たちは、ライトは個人の独立住宅が多いとはいえ、住環境に対する問題に対して、どのような居住環境が理想なのか、重要な提案を行なっています。特に19世紀末から20世紀にかけて、ロンドン、パリ、ベルリン、ニューヨーク、シカゴ、そして東京、大阪に見られる大都市に、職を求めて多くの人が集まったことでスラム街が生まれ【図1】、さらにそれにより衛生状態が悪化するという都市問題は、解決すべき緊急の問題となりました。

さらに戦争や地震で破壊された住宅をいかに早く、安く、大量に建てるのか、この問題に対して、第8回の講義で紹介したクリスタルパレスで採用された標準化と組立方式＝工業製品化という手法が、第一次世界大戦後からの建設に大々的に採用され発展していきます。

その中でまずは、19世紀末イギリスで起こった田園都市運動について見てみましょう。前回の講義の終わりで話したように、あまりにも人が集まったロンドンは、もはや人間が快適に生活できる状態ではなくなりました。田園都市とは、そのことを都市と田園との結婚ということで、都市的な要素を有した人口3万人程度の小都市を、ロンドンを中心として半径50km圏内の田園地帯に計画するという考え方です【図2】。ロンドンに行くと、ヒースロー空港からロンドン都心とは逆の西へ向かうとすぐに、M25というロンドンを囲む環状高速道路があります。ロンドン中心にあるチャリングクロスから20kmから30kmと幅がありますが、M25に囲まれたロンドンをグレーターロンドンとして行政区域の境界となっています。

さらに大ロンドンは、このM25から20kmの幅のグリーンベルトという緑地帯で取り囲まれており、田園都市もだいたいその中にあります。ロンドンから郊外へ旅行したこ

とのある人は実感されたでしょうが、電車かモーターウェイ（高速道路）をいずれの方向に40分も走ると、緑豊かな田園風景が目の前に広がることになります。ちなみにイギリスの高速はまさにフリーウェイでタダです。降りるところを間違ってもまた乗ればいいのですが、そのせいか日本みたいに道の状態は良くありませんし、設備が過剰に行き届いたパーキングエリアなどもありません。でも高速を降りて自分の好きな場所や田舎のパブで休憩ということも気軽にできます。

ところで田園都市は、英語ではGarden Cityと呼ばれており、直訳すると庭園都市となります。前述したように、緑地帯の中にあるということで、田園都市と訳されているのだと思いますが、その訳は都市と田園の結婚をうまく表していると思います。田園都市は世界中に広がり、ドイツやフランス、北欧などヨーロッパ諸国はもちろんのこと、極東の日本にまで伝わります。当時、明治政府にあった内務省は、この都市の考え方を知るや否や、いち早く現地視察や関連する著作の翻訳を行っております。東京にある田園調布や常盤台、成城学園などはイギリスのような独立した小都市ではありませんが、民間鉄道の発展とともにできた日本版の田園都市であります。そして、第二次世界大戦後にはニュータウンや衛星都市という新たな形がつくられていきます【図3】。

イギリスの田園都市の場合は、住宅の他生活に関わる労働や余暇などの施設が含まれていますが、イギリス以外の田園都市では、主に住宅環境が中心となって発展していきます。イギリスで最初にできたのが、レッチワースという田園都市です。ロンドンから電車で行くならば、ハリーポッターで出てきた0番線があるキングスクロス駅から乗って40分ほど、ケンブリッジの手前にありますので、乗り過ごさないように注意が必要です。すぐに駅を新しくする日本とは違って、当初の規模と変わっておらず、驚くほど小さな駅ですが、駅を中心にゆっくりと歩いてみると、車道幅と歩道幅、玄関までの前庭の大きさ、街路樹など、心地よいスケールで街が造られていることがわかります。田園都市ミュージアムもあり、当時の設計事務所が再現されており、街の歴史を知ることができます【図4】。設計者のレイモンド・アンウィンは、第4講で取り上げたピクチャ

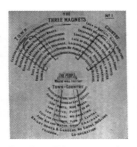

【図1】産業革命期のロンドンスラム街

【図2】田園都市を示すダイアグラム

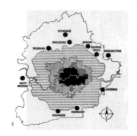

【図3】ロンドン周辺ニュータウン分布図

レスクという手法を使って、街路のデザインを行います【図5】。アイストップやサークルなどの手法を取り入れながら、それこそ絵になる街の風景を作り出しているのです。

その後、アンウィンはロンドンの郊外にハムステッド・ガーデンサバーブという郊外住宅地を建設します。ロンドンの地下鉄ノーザンライン（北線）でウェストブランチに乗ると地上に出てくる最初の駅がゴールダーズグリーンです。ハムステッド・ガーデンサバーブはこの駅を中心に計画された街であります。留学中2年ほど、この駅から10分ほど歩いたところに住んでいたことから、頻繁にこの付近を散歩しましたし、研究の指導教官であった先生の家も近かったことから、私にとってロンドンでは一番馴染みのある街であります。治安もいいことから多くの日本人とユダヤ人が住んでいる地域でもあり、JJタウンと言われていました。

道路沿いには中層のマンション（イギリスではフラットといいます）などが建っておりますが、ハムステッド・ガーデンサバーブの周辺は、日本でいうなら重要伝統建築保存地区という感じでしょうか、公園緑地や二戸一型(セミディタッチド)住宅、教会、集会所などメンテナンスが行き届いた状態で使われております。まさにリビング・ヘリテージ（生きている遺産）となっています。このハムステッド・ガーデンサバーブの建設を契機に、郊外に住んでロンドンに地下鉄で通うという20世紀のライフスタイルが確立していくことになるのです【図6】。

広大な緑地では、住民たちは休日だけでなく天気の良い日には、ランチボックスを持ってピクニックをしていますし、芝生があるだけのオープンヤードでは子供たちがラグビーに興じたりしています。小さい頃から芝生の上で楕円形のラグビーボールで遊んでいる国だからこそ、トップクラスの選手たちが育っていくのだと思います。日本がラグビーでトップクラスを本気で目指すのであれば、結果的に成功したとはいえW杯を無理して招致したり、新しい競技場を建てるのではなく、まずは学校の運動場や公園を芝生化する必要があるのではないでしょうか。閑話休題。

この緑と太陽と空気の存在こそ、集まって健康的に楽しく暮らす上での最低条件であり、この条件を満たした理想の人間的居住環境を、19世紀のスラム化した街の反省をもとに、20世紀の初めに田園都市運動を実施しながらイギリス人たちは取り戻していったのだと思います。

この居住環境の改善という流れを最初に受け継いでいっ

たのが、ドイツであります。ドイツは1871年にようやく統一した近代国家となります。ドイツは、イギリスのように古くからある国というイメージを私たちは持っているでしょうが、日本の近代化のお手本となったドイツは、ある意味、1868年から明治となって近代国家として出発した日本より、統一という点では少し遅れていたのです。実はイタリアも同じような状況だったといえます。これについては19世紀の国民国家＝ネーションステイトの成立について、近代という時代を考える上できわめて重要ですから、各自で調べてみてください。ちなみにこの遅れて近代国家となった日本、ドイツ、イタリアが、第二次世界大戦で英米仏に対抗して、三国同盟として協力することになったのは、歴史的必然と言えるかもしれません。

ドイツは、住居環境について、アーツ・アンド・クラフツ運動やドメスティック・リバイバル（住居改善運動）、さらに田園都市運動を実行している先進国であったイギリスに学びます。まずロンドンのドイツ大使館駐在の外交官として送り込まれたのが、明治時代にお雇いドイツ人建築家であるエンデ・アンド・ベックマンらとともに来日した経験がある、建築家であったヘルマン・ムテジウスです。彼はスパイさながら、イギリスの住宅事情をつぶさに観察し、1904年に『イギリスの住宅』という報告書を出版します。ムテジウスのこのレポートが契機となり、1907年にドイツにドイツ工作連盟という組織が設立され、その流れの中で第一次大戦の敗戦後のドイツ帝国からワイマール共和国となった1919年に、デザイン学校「バウハウス」が創立することになります。ここでのデザイン教育に対するプログラムは日本を含めて世界中に影響を与えております。

【図4】レッチワース・ガーデンシティ配置図

【図5】レッチワース・ガーデンシティ道路・歩道図

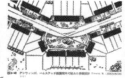

【図6】ハムステッド・ガーデンサバーブ配置図・平面図・透視図

【図7】テクトンによる労働者用住宅コンペ当選案

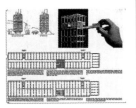
【図8】ユニテ・ダビタシオンのコンセプトモデル

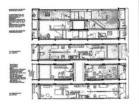
【図9】ユニテ・ダビタシオンの平面図・断面図

このように、ムテジウスと美術学校の校長であったヴァン・デ・ヴェルデによるドイツ工作連盟における芸術 vs 科学という「規格化論争」を経て、バウハウスでの組織的なモダンデザイン教育が実践されることで、近代住宅のデザインはドイツにおいて躍進的に発展していきます。その頂点となったのが、1925年ごろから始まるフランクフルトにおけるジードルンクと呼ばれる集合住宅計画であったとされています。その中心的存在だったのが、フランクフルト市の建設局長であった建築家のエルンスト・マイです。彼はフランクフルトで絵画を学んだ後、1年間ロンドン大学で建築を学びます。帰国後、ミュンヘン工科大学で建築を学んだ後、1910年に再度イギリスに渡り、2年間、田園都市運動の中心的建築家であったレイモンド・アンウィンのもとで田園都市の考え方と設計を学びます。つまり、ムテジウスのイギリスから学ぶ姿勢が、マイによって継続され、より実践的な設計となって、ドイツに集合住宅が建設されていくのです。ちなみに、このドイツのジードルンクの現状をつぶさに視察し、日本に帰国後1933年に日本建築学会から『建築学會パンフレット　ジードルンク』として報告した建築家が、私たち東海大学建築学科の生みの親である山田守であります。

前述したように**マイによるジードルンク計画は、イギリス人が回復しようとした緑・太陽・空気が十分に享受できるような居住環境であり、またドイツ工作連盟とバウハウスで議論された、芸術と科学との調和が図られ、機能的で美しい建築となって実践**されていきます。とりわけ、マイとオーストリアの女性建築家、マルガレーテ・シュッテ=リホツキーとの主婦の動線を考慮した機能的な台所計画は「フランクフルト・キッチン」として、前述した山田守など日本を含めて世界中に注目されることになります。

このフランクフルトのジードルンクを実際に訪れて、実測しながら多くを学んだ建築家に、第9講と第10講で取り上げたバーソルド・リュベトキンがいます。その結果が、彼とテクトンが設計した労働者用住宅コンペ案【図7】とその案を実践したハイポイント1と2となっていくのです。ちなみにリュベトキンとテクトンは、この労働者用住宅コンペで得た賞金で、パリにあるル・コルビュジエの作品をブリティッシュ・エアウェズに乗ってアラップとともに視察にいきます。

もう一人、このイギリスにおける田園都市運動である緑・太陽・空気の回復を身体寸法に基づいたモジュール=規格寸法を使って（モデュロールといいます）、一つの都市のような集合住宅ユニテ・ダビタシオンとしてデザインした

のが、第9講で取り上げたル・コルビュジエに他なりません。ル・コルビュジエは、フランス、ドイツなどに5棟のユニテを建てておりますが、その中でもマルセイユのユニテが最も評価が高く、世界遺産として登録されております。私もイギリス留学時代にル・コルビュジエの生誕地であるスイスのラ・ショー＝ド＝フォンから水泳中に亡くなったカップマルタン、そこにほど近い丘の上にある彼の墓までをめぐる旅をしたことがあります（西方への旅3を参照）。途中、ラ・トゥーレット修道院の原型となったル・トロネ修道院にバスとタクシーを乗り継いで見に行き、その後、マルセイユのユニテを訪れ、内部にあるホテルに宿泊し、ユニテの住戸空間を体験することができました。若き日の安藤忠雄もグランドツアーという一人旅をしたように、君たちも時間を見つけてぜひル・コルビュジエの作品群やその原型となった建築を訪れてみてください。

ユニテ・ダビタシオンにもその共同体としての建築のあり方に対して原型があると言われています。それはル・コルビュジエが20代の時に行なったグランドツアーである東方への旅の途中で訪れた、フィレンツェ郊外にあるガルッツォ修道院の空間構成です。実はここの修道士のための空間ユニットが2層になっており、おそらくこの空間構成が1925年の装飾博覧会でル・コルビュジエが提示したレスプリ・ヌーヴォー館の原型であり、この吹き抜けを有するユニットが多層に重なったものが、ユニテ・ダビタシオンになっているのだと思われます【図8】。この多層の重なり方に特徴があって、1層ごとに中廊下を設け、それを挟んで上下階をかみ合うような断面構成となっています。つまり1階おきに設けられた中廊下の両サイドにある玄関から、片方は下階の建物幅、片方は上階の建物幅を使うという構成です。それぞれ窓側に吹き抜けと階段が配置されており、いわゆるメゾネット（デュプレックス）という断面形状をしております【図9】。

私が設計事務所に勤務している際、千代田区内に住宅総合設計制度という仕組を使った事務所と社員寮が入った建築の設計に関わったことがあります。社員寮であったことから住宅部分を2階から5階に入れることになったのですが、断面を有効に使うために、ユニテに見られる中廊下式メゾネットを採用しました。ただ、もともと事務所用の建築として平面計画されているので、スパンや階高の関係上、それぞれの住戸にユニテのような吹き抜けと階段を入れることができず、平面的にもずれているメゾネットにすることで解決することができました。2018年にクロアチアのザグレブを訪れ、その際1950年代に建てられたユニテ・スタイルの集合住宅は、平面的にずれているメゾネットであることを知りました【図10】【図11】。

ここで集まって住むことについてもう一度考えてみたいと思います。ル・コルビュジエは前述したように、ユニテの中に店舗や幼稚園、オフィスなどを一つの都市として入れ、また外観は大きな船のようなイメージで、共同体の器としてユニテをデザインしております。ただその前提に修道院で見たメゾネットという２層吹き抜けの空間を有する住宅ユニットを狭いながらも設定し、プライバシーを確保しております。コミュニティが成立するためには、まずは閉じられた空間が大切だと考えたのだと思います。

　最後に第10講のル・コルビュジエの講義で取り上げることができなかった、リュベトキンによるル・コルビュジエへの３度目の返答について考えたいと思います。ハイポイント１の後にできたハイポイント２の中央部分の住戸の空間構成は、吹き抜け空間があるメゾネットとなっております【図12】【図13】。リュベトキンは、ハイポイント１と２において、ことごとくル・コルビュジエの近代建築の５原則と原型となった空間モデルを拝借して、この二つの建築を設計しているのです。ただ、唯一ル・コルビュジエが決してやらなかった装飾的要素の直接的な引用、まさにル・コルビュジエが国際連盟のコンペで「宮殿」として批判した旧来の建築様式を、ハイポイント２のエントランスキャノピーを支える女神像（カリアティド）として使います【図14】。**これこそが、リュベトキンのル・コルビュジエに対する３度目の返答であった**と考えます。実際、このハイポイント２ができた際、リュベトキンに陶酔していたモダニストの若い建築家や学生は、これをモダニズムに対しての（すなわちル・コルビュジエに対する）裏切り行為だと非難します。おそらく、このような反応はリュベトキンにとって百も承知であり、**あえてこのような装飾的な要素を使うことで、狭小的なモダニズム建築に対する限界を提示した**のではと思います。

　私が近代建築の保存に触れるきっかけとなった、イギリス人建築家ジョン・アランは、リュベトキンの作品の保存を本格的に始めると同時に、リュベトキンに関する分厚いモノグラフを出版しております。その中で、彼はハイポイント２のキャノピーを支える女神像の柱は、リュベトキンが一時期住んでいたポーランドのワルシャワにあるアパートの窓枠に使われていたと指摘しています【図15】。ハイポイント２ができた1938年前後から、ヒトラーによって行われたユダヤ人に対する迫害によって、ワルシャワにいたリュベトキンの両親は、アウシュビッツの強制収容所に収監され、その後そこで亡くなっています。

　つまり、いわゆる時代を象徴する建築装飾や個人的な主観性などは、モダニズム建築には採用されません。しかし

ながら、本来、**建築とは人間が住む場所であり、雨露をしのぐためのシェルターであると同時に、そこには人間的な記憶や思い出といった感情が込められるべきではないのでしょうか。ハイポイント２の女神像には、リュベトキン自身の両親との記憶とユダヤ人としての悲惨さがこめられている**のです【図16】。

　ル・コルビュジエ自身も、このハイポイント２の17年後の1955年にロンシャン礼拝堂を建てます。その姿は、これまでのル・コルビュジエとはまったく異なり、ピロティではなく大地から生えてきたような造形をしております。内部空間はロマネスク教会のような分厚い壁で覆われており、壁に穿たれた色ガラスから溢れる光は、まるで海の中をイメージしているようです。これはこの10年後にカップマルタンの海で亡くなった際に彼自身が見るであろう光景を予言していたというのは言い過ぎでしょうか。

　まとめましょう。19世紀にイギリスで起こった居住環境の劣悪化という都市問題を解決するために、建築家たちは知恵を絞ります。特に人間本来の生活を緑・太陽・空気といった人間にとって本質的な自然の要素を、田園都市とジードルンク、さらにユニテ・ダビタシオンという集まって住むことの理想形として提案されます。その中でも単に機能的な建築というだけでなく、人間の感情や記憶といった大切な精神的な要素も建築に取り入れられていきます。

【図10】ザグレブにあるユニテ風集合住宅

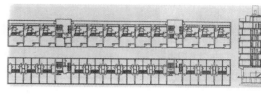

【図11】ザグレブ集合住宅平面・断面図

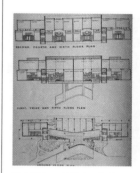

【図12】ハイポイント２
１階・標準階平面図

【図13】ハイポイント２
リビングルーム吹抜け

【図15】爆撃を受けたワルシャワのアパート

【図16】リュベトキンと父親との写真

【図14】ハイポイント２
エントランスキャノピーの
カリアティド

Sketch Workshop Lecture 12

L12-001　遠藤和華　作
所在地：リバプール近郊　設計者：W. オーエン他
ポートサンライト 1899-1914

L12-002　小竹広大　作
所在地：フランクフルト　設計者：E. マイ
ジードルンク・ブルッフフェルト通り 1929

L12-003　小竹広大　作
所在地：ベルリン　設計者：B. タウト
グロース・ジードルンク・ブリッツ 1925-1930

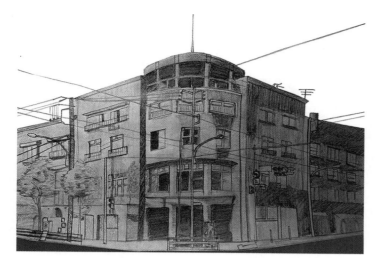

L12-005　眞木耕太郎　作
所在地：東京都　設計者：同潤会

同潤会青山アパートメントハウス
（現存せず）1926

L12-004　瓦林由衣　作
所在地：東京都　設計者：同潤会

同潤会清砂アパートメントハウス
（現存せず）1927

L12-006　小山裕史　作
所在地：東京都　設計者：同潤会

同潤会代官山アパートメントハウス
（現存せず）1927

L12-007　新倉穂香　作
所在地：ロンドン　設計者：リュベトキン＋テクトン

ハイポイントI　1935

Lecture13

1996 年 4 月、AA スクール大学院留学中に、モダンデザインの源流を知るためにドイツの近代建築を巡った旅で、世界遺産となったデッサウのバウハウスの校舎を描いたスケッチ。

BAUHAUS. DESSAU. 4. 3. 98

Study Points

1. 建築を学ぶ上での「そもそも論」とは何か？
2. なぜ建築家は職能と言われるのか？
3. なぜAA（スクール）が誕生したのか？
4. コンドルがAAで学ぶことで何を身につけたのか？
5. 建築は芸術なのか科学なのか？

Reference Books

スピロ・コストフ編（槇文彦監訳）、建築家―職能の歴史、日経アーキテクチャ、1981
フランク・ジェンキンス（佐藤彰他訳）、建築家とパトロン 16 世紀から現代までの建築家の
職能と実務 の史的研究、1977、鹿島出版会
ニコラス・ペヴスナー（吉田綱市訳）、19 世紀の建築著述家たち、中央公論美術出版、2016
瀬口哲夫、英国建築事情　上・下、企業組合建築ジャーナル、1991
近江栄、建築設計競技　コンペティションの系譜と展望、鹿島出版会、1986
渡邉研司、図説ロンドン都市と建築の歴史、河出書房新社、2009

第13講　建築家になるために
建築家教育の彼岸　AAスクールとジョサイア・コンドル

どうして私たちは建築を学ぶのでしょうか。建築家とは何をする人なのでしょうか？この章では、19世紀イギリスと日本における職能としての建築家像と職能教育の歴史を振り返り、建築に関する「そもそも論」の重要性と現代的な意義につなげていきます。

「そもそも論」的な問いかけで面喰らうかもしれませんが、今回は、なぜ君たちは建築を学んでいるのですかという質問から始めます。日本全国数多くある大学の中でなぜ建築を選んだのですか？受験地獄（最近はそうでもないでしょうが）を経験して、大学に入学し、よーしバイトしてお金貯めてスマホのゲームを好きにやるぞーと、あるいは工学系の中でも建築学科は就職率がいいし、理系女だけど女子が多く、楽しそうなので建築学科にしよう、と考えた学生はまさかいないと思いますが、あ、それ俺だと思った人、もしかすると案外多いのかもしれません。どの大学のどの学部のどの学科を選ぼうが個人の自由ですから、とやかくは言いませんし、むしろ大学にとってみれば学生はお客さんという位置付けにあり、高校生を対象にオープンキャンパスをして人数を獲得しなければ、今後学生数は減っていきますし、そうなれば大学経営としては死活問題ですので、入学の動機がどんなことであれ入ってくれる分には構わないということになります。

しかしながら、誰にとっても一生の仕事につくために明確な目的がなくともせっかく選んだ道ですから、その専門領域がどのようなもので、一体世の中でどんな仕事をしているのか、必要な能力やスキルとは一体どんなことなのかを、大学生になったのであれば考えても損はないでしょう。以前第2講での質問をくりかえしてみますが、建築と建物との違い、なぜ建築学科と言って建物学科と言わないので

しょうか。また、似たような質問で、美術系の大学にも建築学科はありますが、なぜほとんどの建築学科は工学部にあるのでしょうか。あるいは、近年、東海大学を含めて工学部から分かれて建築学部になる大学が増えてきましたが、工学部と建築学部との違いは何でしょうか？日本で初めて建築が教えられた学校は、現在の東京大学の前身である工部大学校で、そこには建築学科ではなく造家学科がありました。なぜ建築という言葉が使われなかったのでしょうか。

今回の講義は、君たちにとって以上のような「そもそも論」である問いに対して、私が5年間留学し、その後、研究対象とした世界でも最も古い建築教育機関の一つであるロンドンにあるAAスクール【図1】と、工部大学校の造家学科に招聘され最初の教授となったイギリス人建築家ジョサイア・コンドルを取り上げることによってその答えを考えていきたいと思います。つまり、どのような時代背景の下、何故それらの学校が誕生し、そこでは何が目指されたのか、どのような建築家や技術者を育てようとしたのか、イギリスと日本との19世紀からの政治・経済・文化における国際的関係を見据えながら、その二つの学校に共通する建築教育の理念というファブリックを編み出している縦糸（時間）と横糸（空間）をひもときながら、それらの問題を明らかにしていきたいと思います。

まずは、個人的な話にお付き合いください。これも第9講で紹介したように、多少大げさに言うと、リュベトキンという建築家との運命的な出会いを経て、大学院を修了した後、建築家を目指すべく、設計事務所に勤務しておりました。リュベトキンは当時AAスクールなどで建築を学んだ若いイギリス人建築家を集めて、テクトンという事務所を設立したという話も覚えているでしょうか。実はリュベトキンを知る2年ほど前、当時大学3年生だった私は、このAAスクール出身で、そこで教えている建築家たちが国際コンペで次々と入賞したことで、日本の建築雑誌に取り上げられるようになり、それらの雑誌を見て、なんじゃこれはという衝撃を受けました。誰だかわかりますか？

一人はあの新国立競技場で最初のコンペの当選者であり、その後、コンペ騒動後のいざこざの渦中で亡くなったザハ・ハディドです。もう一人は、その少し前に行われた

Lyon's Inn Hall 1847 - 1859　Conduit Street 1859 - 1891　Tufton Street 1891 - 1916　Bedford Square 1916 -

【図1】AAスクール校舎の変遷

パリのラ・ヴィレット公園のコンペの当選者であったベルナール・チュミと入賞者であったレム・コールハースでした。当時の学生のレベルだとその案がどのようなものなのか、特にラ・ヴィレットに対する二つの案は、雑誌に載った解説を読んでも学生の私にとっては理解不能でしたが、ザハの香港ピークのコンペ案は、コンセプトの理解を超えた、まさに衝撃と言えるもので、それまでに見たこともないような新しい建築の姿、空中に飛散する建築がCADを使ったような手描きのドローイングで表現されていました【図2】【図3】。

この3人はいずれも1970年代後半から1980年代にかけて、AAスクールに在籍したり教えたりしており、レムとザハはユニットマスター（指導教官）とユニットの学生という関係でありました。チュミも80年代にナラティブ・アーキテクチャを唱えたナイジェル・コーツなど多くの社会派の建築家をAAスクールで育てた後、ニューヨークのコロンビア大学の教授となります。そんなことで一体AAスクールという、なんか怪しげな建築学校とはどんなところなのか？と次第に興味が湧いたのです【図4】。

それと同時に、卒業研究を行うために、近代建築史の授業が面白かった近江榮教授のゼミを選び、何を卒業論文のテーマにするか悩んでおりました。先生の専門が建築コンペの歴史という、学生からするとちょっとマニアックな研究に思えたのですが、当時助手や博士課程の大学院生と話をする中で、**建築コンペには、社会構造や文化的背景における建築デザインや技術が反映しているのはもちろんのこと、建築家と社会との関係、建築家の自律性、すなわち職能の問題や建築意匠や構造技術、施工技術との関わりなど、建築家とは？建築とは？という、私が君たちに質問したような「そもそも論」が、その研究の基盤にあること**がわかってきました【図5】。無論、当時の私にはその研究の意義は本当には理解できず、また大学を出ていきなり留学するほどの語学力も資金もなかったので、まずは大学院に進学し、AAスクールの日本人の卒業生にも相談して、日本で実務経験をし、一級建築士の資格を取った後でも留学するのは遅くないと考えたのです。

最近ではめっきり少なくなりましたが、留学のタイミングの相談を学生から受けることがありますが、ケースバイケースとはいえ、私の場合は、この留学のタイミングの判断は間違っていなかったと思います。なぜなら、卒業した後、設計事務所に勤務することで、「そもそも論」が私の中でじわじわと醸成され、日々の設計・監理業務に追われながらも、大学院修士研究で取り上げた「リュベトキンと

は誰か？」「なぜモダニズムを裏切るような行為をしたのか？」という問いが頭を離れることはありませんでしたし、建築家としての立場になることで、その自問と先ほど君たちに投げかけた「そもそも論」とが絡まりながら、建築家の存在意義や設計のあり方など、現在の研究基盤を形成していきました。そして次回の最終講義で取り上げる「近代建築の保存と再生」という新たな視点が留学先のイギリスで生まれることになります。

いずれにせよ、卒業論文の研究テーマは、「近代日本における建築家職能運動の変遷」と題して、日本において職能としての建築家がどのように取り入れられたのか、何が問題なのか、など先行研究を参考にして、今から思うと発表会で「レポートだね」とダメ出しが出るような内容でしたが、少なくとも自分の中から湧いて出た「そもそも論」的疑問に答えようとしたものでした。

ところで、AAスクールは、正式名称を The Architectural Association School of Architecture（建築協会付属建築学校）といい、通称AAスクールと呼ばれています。経営難で統合問題が出る中、1970年代から学長を勤めたアルヴィン・ボヤルスキー【図6】の手腕で国際化されると同時に、通常の5年コースと日本でいう2年の大学院コースができました。正確に言うとこの大学院コースは、第二次世界大戦中の1938年から都市計画、戦後1945年から熱帯建築を扱うコースとして始まります。注目したいのは、Association＝組織、協会という言葉で、建築家になりたい、いい建築を造りたい、という同じ思いを有する集まりに対して使われているもので、19世紀イギリスにおける専門職プロフェッショナル団体の形成と時を同じくしております。むしろそれがこの学校ができた大きな理由であります。そのプロフェッショナル団体が自己教育を行うための場所がAAスクールと呼ばれる建築学校として発展していったのです。それゆえ正式名称にあるようにあくまで建築協会に付属した学校であり、母体は先程言った共通の目的を有する会員制の組織であります。

イギリスにおいては1847年のAAの設立前に、1834年に最初の建築プロフェッショナルの組織がIBA（Institute of British Architects）として設立され、1837年、RIBA（Royal Institute of British Architects 王立英国建築家協会）となりました。それではなぜプロフェッショナルな団体が組織されるようになったのでしょうか。その最大の要因は、19世紀から第8講で取り上げたパクストンによるクリスタルパレスのように、**職業が専門化することで、建築設計、構造技術、土木建設など分離していった**ことがあげられます。

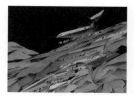

【図2】ハディド　香港ピークのコンペ案

【図3】コールハース　ラ・ヴィレット公園のコンペ案

【図4】イギリス建築雑誌AAスクール特集号　表紙

【図5】近江榮　建築設計競技史　表紙

【図6】ボヤルスキー

【図7】カー

【図8】スミス

【図9】コンドル

【図10】辰野金吾による AA 申請書

【図11】コンドル申請書

パクストンの場合は、彼自身の技量が高かったため、いい意味で建築家たちの刺激となったのですが、法的な規制がない限り、自分で建築家を勝手に名乗り、どんな仕事でもやれてしまう、そうすると専門的な教育や訓練を受けなくとも、少し絵が上手で人当たりが良ければ、建築設計の仕事ができてしまい、その結果、見た目にもまた質的にも酷い建築が世の中に増えてしまうことになります。そこで、**それぞれ職業団体が、教育・訓練の年数や資格試験の実施、やってはいけないことの倫理規定などを設定し、その専門性を担保するために、職能団体として設立される**のです。

ただし、AA は、RIBA のようなすでに名がある建築家たちで構成された組織ではなく、建築事務所で修行をして建築家を目指す二人の若いドラフトマン（製図工）である、ロバート・カー【図7】とチャールズ・グレイによって、自己教育の場を持つ目的で創設されました。そうです。**この自己教育の場を作ること**。つまり、自分たちで図面を持ち寄り、時にはゲストを呼んできて批評してもらい、事務所では聴けないちょっと小難しい学術的な講義を、RIBA の建築家やロンドン大学の教授などを呼んでやってもらうというのが、このクラブの目的でした。そのような講師には、RIBA の初代会長となったロンドン大学教授の T.L. ドナルドソンやコンドルの叔父で、ロンドン大学教授でもあった建築家ロジャー・スミス【図8】などが呼ばれ、2週間に1回、夕方から夜にかけて開かれておりました。昼間は働き、夜間に学ぶというスタイルがイギリスの建築教育の基盤にあり、数は少なかったのですが、当時大学に置かれた建築学科もこのスタイルで、20世紀に入ってようやく昼間行う全日制となります。日本でも最近は夜間（二部）がある大学はほとんどありませんが、8年ほど私もある大学の二部で教えた経験がありますが、来ている学生には、官公庁で働いている人がおり、モチベーションは普通の学生より高かったと感じました。

この自主性を重んじる AA の伝統は、現代まで脈々と続いており、私が学生だった 1996 年に、新しい校長を選ぶ選挙があり、一会員（一般会員＋学生）として投票を行ったことを覚えております。日本では私立大学の学長や学部長選挙に学生が投票するようなものです。さすが民主主義発祥の国イギリスです。

AA は 19 世紀の半ばにできたほとんど唯一と言っていい建築に関する自己教育の場でし

た。それゆえ、当時建築家を目指そうという若い製図工のほとんどが会員になり、講演や見学会などのイベントに参加しております。つまり、1852 年に生まれたイギリス人ジョサイア・コンドル【図9】もまさに同時代の建築家を目指した若者で、1871 年 10 月から来日後の 1881 年までの 10 年間 AA の会員となって、1871 年から 76 年にかけての授業に参加したことがわかっています。以前に 1850年代から 1920 年代にかけて、日本人がどれほど AA に関わったのかを調べたことがあり、2010 年から AA スクールに設立された AA アーカイヴズで、コンドルと辰野金吾のAA へのアプリケーション・フォーム（申請書類）を見つけることができました【図10】【図11】。詳しくはこれまで書いた私の研究論文を検索して読んでみてください。

当時コンドルが受けていた授業で注目したいのは、古い教会建築や最新の建築物を訪れ、時間をかけてスケッチをするという授業です。もともと絵の才能があったコンドルは、AA でのスケッチトレーニングでますますその画才を発揮し、1871 年 /72 年の授業で実施されたヨークシャーにおけるスケッチ課題で優秀賞になっています。このスケッチは 1920 年代まで AA がフランスのボザール風の建築教育をしていた段階まで、スケッチブックとして優秀作品をまとめた本を出しておりましたが【図12】、それ以降、授業内容がモダニズム建築に合わせることで、芸術性や装飾性に重きをおくことがなくなり、廃止となっています。しかしながら、コンドルの後、1890 年代に AA に在籍し、帰国後、三菱地所設計の設立に関わる日本人建築家の桜井小太郎は、並み居るイギリス人学生の中でも優秀なスケッチとして表彰され、スケッチブックに掲載されております【図13】。また、絵の才能があったコンドルは、来日してからも日本人画家の河辺暁斎に弟子入りし、英斎という名前で作品を残していることは有名な話です。

　従来の芸術家としての建築家像ではなく、近代社会、特に工学系の知識に対応できる新しい建築家像の希求が、職能運動と専門教育における資格審査と連携し、1860 年代から 90 年代にかけて、AA と RIBA によりその取り組みが始まり、制度が整っていきます。大まかに言うならば、RIBA が認める建築家となるためには、AA での授業を受け、自主試験（今でいう卒業試験）に合格すれば準会員となり、その後、建築実務 7 年を経験すれば、正会員となるというものでした。先ほどあげた桜井小太郎や 1910 年代に AAに在籍した竹腰建造は、この RIBA 準会員の資格を得ています。この学校での専門教育＋試験＋実務経験という流れは、現在のイギリスの RIBA 建築家資格はもちろんのこと、その影響を受けた日本における一級建築士資格の取得の流

れと同じであります。

ところで、世の中を客観的な指標を持って平準化（制度化）していくこと、これが近代化の別名といえます。第2講の透視図の話で、グリッドが設定されたと言ったことを覚えていますか？あれもその土地が有する方角や大きさなどを考えずに均一なグリッドとして捉えることでした。建築家の職能の成立においてもそれは例外ではありませんでした。それでは19世紀までの建築家のあり方とはいかなるものだったのでしょうか。建築家は芸術家として扱われていましたし、芸術アカデミーやフランスのエコール・デ・ボザールで行われたように、芸術的才能を伸ばすトレーニングとして教育されました【図14】。それに対して、**建築家を職能として成立させるなら、芸術家に必要な情感の豊かさや芸術性など主観的な判断からではなく、どれくらい知識を有しているのか、客観的な指標が必要であり、前述したように近代化の別名である平準化に沿うことが重要だ**と見なされたのです。

実はこの建築家の職能運動に対して1890年代に反対運動が美術批評家として有名なジョン・ラスキンなどを巻き込んで「Architecture: A Profession or An Art ?」（建築：職能か芸術か？）としてイギリスで起こります。つまり建築家には芸術的要素はなくてはならない才能ではないかという意見です。現在もアーティストになるためには決められた教育や資格はもちろん必要ではありませんし、むしろ標準化や平均化を壊すのがアーティストして必要なアイデンティティーであり、その姿勢だと思われます【図15】。

この建築家の職能に関する論争は、第7講で取り上げたヨーロッパの国々が自らの国のアイデンティティをどのような様式に託すのかという様式論争を引きずりながら発生しており、**様式という美学上の問題が、建築家の職能つまり過去の様式を真似るのか、削り取るのか、あるいは復活させるのか、はたまたまったく新しく作り出すのかという建築家の姿勢すなわち利他主義という倫理的な問題へと発展していき、当然のように、そのような背景の中どのような建築家を育てるのかという建築教育のあり方へと接続していったのです。**

結果的には、フランスのエコール・デ・ボザールがその建築デザインの根幹としていた古典主義やルネサンス様式の習得に従おうとするRIBAに対して、AAスクールは、イギリス的なというより反フランス的なアソシエーションという緩やかな人間とモノのつながりをゴシックのギルド社会にみてとり、アーツ・アンド・クラフツ運動へと発展

させていきます。しかしながら、最終的にはRIBAの圧力から、エコール・デ・ボザールの建築教育システムに従ったAAスクールは、1930年代になると、建築家登録法の成立とともに、ル・コルビュジエらによるヨーロッパから誕生したモダニズム建築と都市デザインをイギリス社会に適合させるために、**ボザール方式からユニット・システムというグループ設計を主体とする教育へと大きなパラダイム・シフトが起こり、それが現在のAAスクールを始め世界中の教育システムの基盤となっていったのです。**

【図12】AAスケッチブック表紙

【図13】桜井の作品が掲載されたAAスケッチブック

付け加えるなら、同様のことが1920年代以降、大正時代の日本において「建築は芸術である」「建築は科学である」という建築非芸術論争として、東京帝国大学と早稲田大学に所属する学生や建築家の教授陣の間で起こります。これに関しては、多くの研究がなされており、また日本の近代建築史の教科書にも指摘されていることですので、各自で調べてみてください。**建築家とは何かという「そもそも論」は、建築とは何かという疑問、すなわちこれが建築論と言われる分野ですが、建築家だけでなく建築自体のあり方をめぐる議論として、建築を学ぶものにとって重要な問いかけなのです。**

【図14】ボザール アトリエの様子

まとめましょう。日本に建築学を最初に教えたイギリス人建築家であるジョサイア・コンドルは、1847年に若いドラフトマンによって設立されたAAのメンバーになり、19世紀のイギリスにおける建築家教育にとって大切なこととされたスケッチ力並びに建築構法や構造形式など新しく科学としての建築学への関心を、工部大学校造家学科で学ぶ日本人学生に伝えていきました。一方、イギリスにおいてはAA並びにRIBAによって、建築教育と資格制度を関連させながら、建築家とは何か、建築とは何かという建築論的問いへと発展し、イギリスと日本における建築家資格確立運動へと展開され、その後のモダニズム建築流入に対する基盤となっていったと言えます。

【図15】Architecture:A Profession or An Art

Sketch Workshop Lecture 13

L13-001　金雪寅　作
所在地：シャーロッツビル　設計者：T. ジェファーソン
ヴァージニア大学キャンパス 1825

L13-002　笹川武秀　作
所在地：東京都　設計者：J. コンドル
旧岩崎邸庭園 1896

L13-003　笹川武秀　作
所在地：ワイマール　設計者：ヴァン・ド・ヴェルド
バウハウス・ワイマール 1919

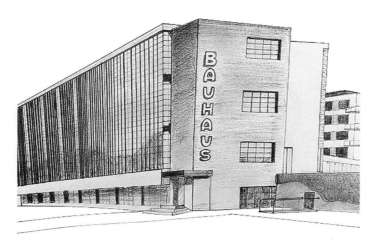

L13-004　瓦林由衣　作
所在地：デッサウ　設計者：W. グロピウス

バウハウス・デッサウ 1925

L13-005　金澤里奈　作
所在地：東京都　設計者：内田祥三（香山寿夫）

東京大学工学部１号館（改修）1925（1995改修）

L13-006　瓦林由衣　作
所在地：東京都　設計者：A. レーモンド

東京女子大学本館、講堂・チャペル
1924-31

L13-007　小竹広大　作
所在地：神奈川県　設計者：山田守

東海大学湘南キャンパス１号館 1963

Lecture14

1949 von Neumann Architecture EDVAC, C.Shannon Communication of Theory
1948 N. Wiener Cybernetics 1943 W.McCulloch, W.Pitts Neuron Model
Computer ENIAC,A.Turing Computing Machinery and Intelligence
Turing Machine COMPOSITE MIND E.A.A. Rowei Unit System AA School
1933-36 A.Church A.Turing Computing Machinery and Intelligence
Turing Machine
1931 Savoy House Five Principle for Modern Architecture L. C.
1930-40s The Beginning of Computer

1923　Karel Capek　Rossum's Universal Robots
Three Million City by L.C.
1920s-30s L.Wittgenstein Tractatus Logico DOMINO system
Siedlung in Europe CIAM establish Minimum
House Functional City
1910-13 Bertrand Russell, A.N.Whitehead
Pricipcia Matematica Mathematical Logic
Geddes City in Evolution Diagram,
Notation of Life
1900s Garden City Movement
Beginning

198X IDEA COMPETITION PROPOSED by Y

1956 Dartmouth Summer Research Project on Artificial Intelligence
Chomsky Cognitive Science CIAM10 the end of CIAM
1953 DNA double spiral structure discovered by Watson and Crick
1951 Automatic Computing Engine Pilot ACE Farnsworth House Mies
1950s Future model house Prefabricated House UNITE d'HABITATION by L.C.
1950 A. Turing Computing Machinery Intelligence
1950s AI comes into the World

1949 von Neumann Architecture EDVAC, C.Shannon Communication of Theory
1946 N. Wiener Cybernetics 1943 W.McCulloch, W.Pitts Neuron Model
Computer ENIAC,A.Turing Computing Machinery and Intelligence
Turing Machine COMPOSITE MIND E.A.A. Rowei Unit System AA School
1933-36 A.Church A.Turing Computing Machinery and Intelligence
Turing Machine
1931 Savoy House Five Principle for Modern Architecture L. C.
1930-40s The Beginning of Computer

1923　Karel Capek　Rossum's Universal Roboto
Three Million City by L. C.
1920s-30s L.Wittgenstein Tractatus Logico DOMINO system
Siedlung in Europe CIAM establish Minimum
House-Functional City
1910-13 Bertrand Russell, A.N.Whitehead
Pricipcia Matematica Mathematical Logit

2000-20

1975-2000

1925-1950

1900-1925

COLLLAGED CITE IMAGE SKETCHES by

2018 年 AI 社会のための居住空間 AI ハウスをテーマにした新建築社のアイデアコンペ
の応募作品。第１講の表紙となったコンペのオマージュであり、それを再構成したア
イデアとなっている。大震災から再生していく 2050 年の福岡の姿を共感と想像力を
使って表現した。

Study Points

City in Autopoietic Evolution from 1900 to 2050

THE COMPOSITE MIND

A Suggestion for the Principal MULTI-DISCIPLINE Linkages
Necessary 10 Achieve Comprehensive Environmental Development

2025-2050

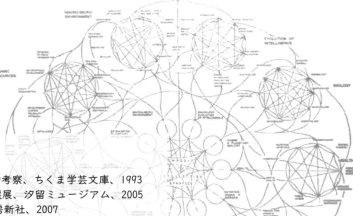

Composite Function of Algorithm Programme

Partial composition is possible for multivariate functions.
The function resulting when some argument X_i of
the function f is replaced by the function g is called composition of
f and g in some computer engineering contexts, denoted

$f|_{x_i=g}=f$
f Three
g: Analyzed City Activities by Composite Mind

Reference Books

ニーチェ（小倉志祥訳）、ニーチェ全集 4 反時代的考察、ちくま学芸文庫、1993
文化遺産としてのモダニズム建築 DOCOMOMO 100 選展、汐留ミュージアム、2005
大川三雄・渡邊研司、DOCOMOMO 100 ＋ α、河出書房新社、2007
松隈洋、近代建築を記憶する、建築資料研究社、2005
加藤耕一、時がつくる建築　リノベーションの西洋建築史、東京大学出版会、2017
モーセン・ムスタファヴィ（黒石いずみ訳）、時間のなかの建築、鹿島出版会、1999
クリストファー・アレグザンダー（中埜博訳）、ザ・ネイチャー・オブ・オーダー
建築の美学と世界の本質、生命の現象、鹿島出版会、2013
モーセン・ムスタファヴィ　ディヴィッド・レザボロー（黒石いずみ訳）、時間のな
かの建築、鹿島出版会、1999
田原幸夫、笠原一人他、建築と都市の保存再生デザイン　近代文化遺産の豊かな継
承のために、鹿島出版会、2017

第14講　命ある近代建築との共振＝エンパシー　保存と再生に向かって

　最終回のこの講義では、比較的新しい近代建築の保存と再生をめぐって、それらを保存する理由やどのような方法で保存、活用していくのがいいのか、これまでの講義で出てきた話を振り返りながら、近代建築に対する共振する姿勢＝エンパシーとして、スコットランドと日本の事例を取り上げて考えていきたいと思います。

　とうとう最後の講義となりました。いつも始まる前は14回もやるのかと多少憂鬱になるのですが、終わってみるとあっという間でした。と私が言ってもしょうがないので、もしみなさんがそのように感じたならば、この講義は成功だったと言えるでしょう。なぜなら、何事も熱中しているとすぐに時間が過ぎていくものだからです。逆に退屈な講義や話ほど長く感じられ、早く終わらないかなあと思ってしまいます。実はこの時間の経過に対する感覚というのが、今回の最終回の講義のテーマの多少哲学的な問いとなって関わってきます。また、第5講で建築家ジョン・ソーンの廃墟画を取り上げたのを覚えているでしょうか。時間を表現する記憶装置としての廃墟や遺跡の存在です。また第6講で19世紀の歴史学の誕生と創られた伝統やナショナリズムなどの内容も、保存意識が生まれた時代背景として関わってきます。そして、第7講で取り上げた、生命体と建築や都市との関係性が保存を考える上でとても大切なことだと思っております。つまり、今回の講義は、今までの講義のまとめ的な意味合いを持っており、改めて皆さんに空間と時間に関わる文化としての建築の存在を近代建築の保存と再生に結びつけて、問いかけてみたいと思っております。

　まずは、この3冊の絵本の表紙を見てください【図1】【図2】【図3】。

> 皆さんこれらの絵本を知っていますか？あ、珍しく手が上がりましたね。はい、君

> 幼稚園の頃、その中の1冊、いたずら きかんしゃ　ちゅうちゅうを読んでもらったのを覚えております。ちゅうちゅうがスピード感を持って描かれているのが印象的でした

> そうですか。実は私もこの絵本が大好きで、副機関士ウォーリーさんのつなぎがほしいと母にねだったそうです。この絵本がきっかけで鉄道が好きになって、小学校の時にはまだ九州には蒸気機関車が走っており、博多駅に見に行っていました

　この3冊の絵本は、全てバージニア・リー・バートンというアメリカの絵本作家によるもので、『いたずらきかんしゃ ちゅうちゅう』が一番古く、1937年に出版されています。ちなみにこれを翻訳したのが、著名な児童文学者で赤毛のアンのシリーズを翻訳した村岡花子です。2冊目は、『ちいさいおうち』という、1件の小さな家が建ってからおそらく100年くらいの歴史を扱った絵本です。これも日本との太平洋戦争が始まった後の1942年に出た絵本で、

【図1】せいめいのれきし 表紙

【図2】ちいさいおうち 表紙

【図3】いたずらきかんしゃ
ちゅうちゅう 表紙

アメリカのシカゴと思われる都市の発展の様子がうかがい知れます。3冊目が『せいめいのれきし』という題の、宇宙、太陽、そして45億年前の地球と30億年前の生命の誕生から、この絵本が出版された当時、1962年までを舞台背景として描いた生命誌の絵本です。多くの科学者や生物学者が影響を受けたとされています。

なぜ最後の講義でこれらの絵本を取り上げたのか、まずはこれについて考えてみたいと思います。『いたずらきかんしゃちゅうちゅう』と『ちいさいおうち』は、いずれも絵本には定番でしょうが、蒸気機関車と住宅という「モノ」が命を持ったものとして描かれています。人間の言うことに従っていた機関車ちゅうちゅうは、ちょっとした隙に自分で街や村を駆け抜けてみたいと思い、危険を顧みず風を切って走る自由さを感じますが、結局は人知れず廃線へと迷い込み、探しに来た人間に助け出されます。ちいさなおうちは、自然が豊かな土地に建てられた住宅が、次第に周辺環境が変わっていき、大都市の中にひっそりと残っているのが自分だけだと気づきます。その住宅を建てた子孫がそこから家ごと、それが建った場所と同じようなりんごの木がある場所に引っ越しをするという話です。

この人工物である蒸気機関車や住宅に命があるという考え方は、何も絵本の世界だけではありません。むしろ、人類が誕生して以来、道具やもの、建築や芸術作品を作り出す際に、それに命を吹き込むあるいは命あるものにするという、原初的な思考形態だと思われます。例えば君たちも知っているように日本では住宅から高層建築に至るまで、工事を始める際に、地鎮祭という儀式を行います。その土地の神、地霊を鎮めるという意味があります。西欧ではこの地霊の存在はゲニウス＝ロキと言われております。これも土地には命があるということの現れです。別の言葉で言うなら、「モノ」を生として扱う共振的姿勢＝エンパシーだと考えます。

「モノ」にも命があるというバートンの思想は、3冊目の『せいめいのれきし』という絵本において、完結していきます。後半の講義の始まりで、最近出版された3冊の歴史の本を紹介したのを覚えていますか？ほら、宇宙や地球の誕生から現在までを1年とすると、産業革命の近代の始まりが大晦日の11時59分58秒に当たると言ったことです。宇宙や地球の誕生に比べると人間や「モノ」の命などほんの一瞬に過ぎない、だからこそ、大切なのです。人間の命はいうに及ばず、人間が過去作り出してきた建築や都市、街並みなども、人間の命と同様、愛おしく、慈しみ深いものであるという考え方を持ち続けることは、私たちに

とって必要なことだと思います。

この最終回の講義では、私自身がイギリス留学時に出会った、いわゆる1920年代から世界的に広がったモダニズム建築という歴史が浅い建築についてのその価値を調査し、保存や再活用を進める動きDOCOMOMOの活動を通して得た知見に基づき、先に話した建築や都市を生命として捉える視点とつなげながら話をします。

ちなみにDOCOMOMOとは、Documentation and Conservation of buildings, sites and neighborhoods of Modern Movement、すなわちモダンムーブメントにかかわる建物と環境形成の記録調査および保存のための国際組織の略称であり、1990年オランダのアイントホーヘン工科大学の教授であった建築家のフーベール・ヤン・ヘンケットが中心となって設立されました【図4】。

【図4】第4回DOCOMOMO国際会議集合写真

【図5】ゲデス

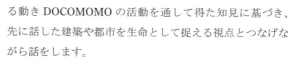

【図6】ダンファームリン公園計画記事

【図7】進化する都市 表紙

ところで建築や都市を生命すなわち有機体として捉えたのは、第11講で話したように、アメリカの建築家フランク・ロイド・ライトでした。そのライトとは別に、19世紀のダーウィンの進化論から影響を受け、建築や都市を再生していこうとした都市改良家・思想家そして自身、生物学者であったスコットランド人のパトリック・ゲデスというユニークな人を取り上げます。風貌もあごひげを生やした仙人のようで、話によるとその性格もエキセントリックであったと言われています【図5】。日本でも他の西洋の都市計画家や思想家ほどは知られていないと言いたいところです

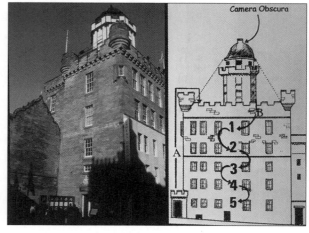
【図8】アウトルックタワーの外観と立面構成図

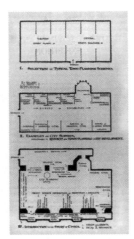

【図9】ゲデスによる都市と街展覧会平面図

【図10】エディンバラ旧市街保存的外科手術による変化

【図11】オスマンによるパリ改造計画

が、彼の日本への影響を調べてみると、明治末期から大正時代にかけて、ゲデスが手がけたスコットランドの古都であり、あの鉄鋼王カーネギーの出身地であるダーファムリンの公園計画案が、当時内務省の役人によって、地方改良運動に多大の影響を与えたとされる中央報徳会機関誌である「斯民」に理想郷として紹介されていることがわかりました【図6】。

ゲデスは、1914年に主著とされる『進化する都市』(Cities in Evolution) という著作を出します【図7】。19世紀の終わりから活動の中心であったスコットランドの首都であるエディンバラのエディンバラ城近くに、アウトルックタワーという都市研究所を19世紀からあるビルを改修して設立します【図8】し、市民のためにサマースクールや都市の歴史や地理を伝えるための図面や模型を使った展覧会を開きます【図9】。ゲデスは、ロンドン大学でダーウィンのブルドックと言われた生物学者トーマス・ハクスリー教授から、科学的手法を学び、また、1900年にはパリで開催された万博の会場を訪れるとともに、フランスの哲学者であるアンリ・ベルクソンに会い、意見を交換しあったとされています。ベルクソンは、『時間と自由』や『創造的進化』という著作を発表しており、この授業の最初に言った時間の感じ方について、時計で測れるような量的時間ではなく質的時間の重要性を純粋持続として指摘しました。

このようにゲデスは、ダーウィンの進化論に基づく19世紀の生物学と、ベルクソンの「生の哲学」と呼ばれる空間および時間、精神と物質に関する思想から知的な刺激を受けながら、当時エディンバラ医科大学で行われていた「保存的外科手術」という人体への施術方法を、スラム化してしまったエディンバラの旧市街の改良に1900年代から適用していきます【図10】。それは1850年代にオスマンによって行われたパリの大々的な改造とは異なり【図11】、できるだけ街の構造を生かした形で、周辺の住民たちのコミュニティを保存しながら、最少限度の改変を行い、失われた空間と時間を回復するというものでした。

もう一人の生命のしくみを建築や都市に応用しようとした建築家が、ゲデスから50年後の1960年代に、ゲデスが活躍したスコットランドから遠く離れた場所、日本において誕生します。それは初めて日本人の建築家やデザイナーが世界に発信したとされる、生物の新陳代謝を意味するメタボリズム運動という建築運動の、当時、一番若く、ある意味中心的な存在であった黒川紀章です。

正直、私が学生の時から留学から帰国後の2000年代ま

で、黒川紀章は建築家というよりメディアに派手に出て、2007年に亡くなる直前には東京都知事に立候補したように、作品以前にその立ち振る舞いが好きになれない建築家でした。しかしながら、DOCOMOMOで東京、銀座にある中銀カプセルタワービルをメタボリズム運動の代表的な建築作品として選定し、2019年に同じメタボリズムグループの建築家であった菊竹清訓による都城市民会館が解体されたこと、もう一つメタボリズムグループの世代の建築家の師匠となる丹下健三による山梨文化会館のメタボリズムというコンセプトを保存・改修に適応した漸進的保存手法ではないかという主旨の論文を、2018年にスロベニアで開催されたDOCOMOMO国際会議で発表した頃から、1960年代の黒川紀章らの活動を改めて調べ直すと、非常に興味深いことがわかってきたのです。

1960年東京で開催された世界デザイン会議で、黒川はメタボリズム宣言に参加すると同時に、1962年に京都の町屋が残る西陣地区に労働センターの設計を手掛けます。その計画案を同年、チーム10というイギリス、オランダ、フランスを中心とした建築家のグループのパリ近郊のロヨモンでの集まりに参加し、発表しています。その後1967年には、ちょうどその頃ライトによる帝国ホテルやコンドルによる三菱1号館が解体されることになり、黒川は「新建築」に「開発と保存」という論考を発表しています。この論考には、**既存の街の構成をできるだけ壊さず、漢方治療の鍼療法のごとく、西洋に見られる開発的手術ではなく、建築環境に刺激を与えることが重要であると主張しているのです。この姿勢は、前述したゲデスが行った「保存的外科手術」的思考法と同じであることは明らかです。**

黒川が参加したチーム10の中心メンバーであった、イギリス人建築家夫妻、アリソン・アンド・ピーター・スミッソンらは、ル・コルビュジエらによる最小限住宅や機能主義的都市を主張するCIAMに対して**1. クラスター、2. モビリティ、3. 成長と変化、4. アソシエイションというコンセプトを全体より部分を、固定より変化を、固定した美学から開いた美学へ、組織より個人を**という方法論によって実現しようとします。このチーム10の提案は、実は前述したゲデスが『進化する都市』で提示した都市や生活のダイアグラムや思想に影響を受けていたことがわかっています【図12】【図13】。

黒川は、1972年にメタボリズム建築の代表作である中銀カプセルタワービルを銀座に提案します。黒川は、メタボリズムの概念をメタボリズム（新陳代謝）とは、「人間社会の物質系（環境構造・都市構造）が熱力学的平衡状態

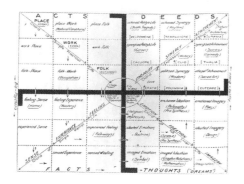

【図12】ゲデス 生活の記述ダイアグラム

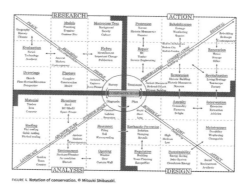

FIGURE 4. Notation of conservation. © Mitsuki Shibasaki.

【図13】渡邉 保存の記述ダイアグラム

へ向かって変化してゆく道筋において現れる秩序−動的安定（ダイナミック・バランス）の状態」と定義し、この変化する上でのリズムとして、人間の生活形態の変化の節を20〜25歳（独立点）、50〜60歳（生殖機能停止点）、75〜85歳（生命停止点）にあることから、25〜30年リズムが、基本生活空間（住空間）の新陳代謝（メタボリズム）リズムとなると主張します。

そして、これらのリズムは、都市構造の各部分の耐用年数（材料の耐用年数と同時に、空間の社会的な耐用年数についても）についても考えなくてはならないとして、この構造耐用年数リズムを世代リズムのもう一つ上のオーダーとして、半世紀〜1世紀（50〜100年）リズムを考えるのが適当であるとしているのです。でも残念ながら今まで1度もカプセルは取り替えられず、解体されることになっています。

ここでこれまでの講義を振り返りつつ、建築における空間と時間が人間を介してどのようにつながっていったのかを見てみましょう。18世紀から19世紀へと地中海という古典古代からイギリスという近代へとグランドツアーによって建築文化の橋渡しをしたのが、ジョーン・ソーンでした。ローマという古典古代を紙上建築家であるピラネージによる廃墟と遺跡のドローイングからインスピレーションを得て、自邸である博物館を建てることで、自叙伝としての建築として、時間を空間化することに成功しました。

さらに19世紀から20世紀へと西洋と東洋という地理的空間を超えて建築文化を橋渡しをしたのが、ジョサイア・コンドルであり、彼がスケッチという建築の時間を身体行為として再現する技法を学んだとされるジョン・ラスキンを通して、建築家にとって必要な想像力と共感力を日本人建築家に伝えていきました。もう一人は、パトリック・ゲデスであり、ダーウィンの進化論とフランス人思想家であるアンリ・ベルグソンの「生の哲学」に見る持続という時間発想を保存的外科手術という手法によって都市と建築の空間化に活かしていきます。

そして20世紀から21世紀へと、スミッソンや黒川紀章らチーム10というゲデスにモダニズムを超える思想のヒントを生命体の持つ新陳代謝や自己組織化などの仕組みに見ながら、20世紀の巨匠であったル・コルビュジエを乗り越えつつ、そのチーム10のメンバーのオランダ人建築家の弟子であったヘンケットを初代の代表として、アジア、アフリカを含めた世界中の国々に、DOCOMOMOというモダニズム建築の保存と再生という、空間の時間化、すなわち建築空間を流れゆく時間の表現として捉える運動へと発展させていったのです。

まとめましょう。20世紀に建てられた近代建築は、まだ歴史が浅いこともあり、その多くが解体の危機にあり、実際に再開発のために壊されています。しかしながら、私たちが子供の頃に読んだバートンの絵本にあるような生命体としての「モノ」という発想をすれば、それらを大切に扱おうとして、そう簡単に壊すということにはならないと思います。100年前、ゲデスが19世紀の生物学の手法や思想を、時間といういわば地層を重ねていくことによって、スコットランドの都市や建築環境を豊かにしていったことは、その50年後にチーム10やメタボリズム運動に継承され、そして現在、100年前にゲデスによって実施された建築と都市の改良法が、新しくDOCOMOMOによる近代建築の保存と再生への扉を開いてくれているのだと言えます。

時空を超えて私たちに訴えかけるこの近代建築からの谺（こだま）に共振＝エンパシーを感じるのか、あるいは過去を消しながら、ただひたすら前を見て進むのか、君たちにかかっています。

もちろん、そうならないことを期待し、この講義を通して、文化としての建築という考えを持って行ってほしいと願いながら、講義を終わりたいと思います。最後まで聴いてくれてありがとう。

Sketch Workshop Lecture 14

L14-001　岩瀬和宏　作
所在地：愛媛県　設計者：松村正恒
日土小学校 1958（2008 改築）

L14-002　山本未来　作
所在地：東京都　設計者：黒川紀章
中銀カプセルタワービル 1972

L14-003　岩瀬和宏　作
所在地：静岡県　設計者：丹下健三
静岡新聞・静岡放送東京支社ビル 1967

L14-005　新倉穂香　作
所在地：宮崎県　設計者：菊竹清訓
都城市民会館（現存せず）1966

L14-004　山本未来　作
所在地：東京都　設計者：菊竹清訓
スカイハウス 1958

L14-007　笹川武秀　作
所在地：東京都
設計者：前川國男・坂倉準三・吉村順三
（三菱地所設計）
国際文化会館 1956（2006 改修）

L14-006　松本乙希　作
所在地：台中　設計者：陳其寛、イオ・ミン・ペイ
台湾東海大学ルースチャペル 1963

P 西方への旅 4
aris+Brno+Prague

パリと中欧チェコ（ブルーノ＋プラハ）の近代建築をめぐる旅

この旅も4種類の時間と空間が混ざり合っていますが、パリのコルビュジエを中心とした洗練された近代建築と中欧チェコにおけるボヘミアの歴史文化への融合と反発が混ざり合った近代建築の姿を比較することで、近代建築の奥深さを感じることができる旅だと思います。

1. エッフェル塔

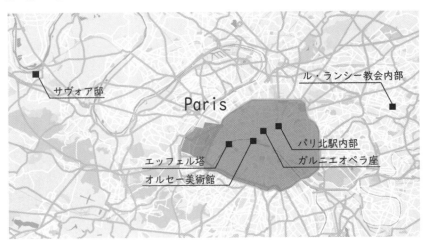

時間的に最初のスケッチ2図は、1986年大学院生の時におこなった一人旅で最初に降り立ったのがパリであり、最初にスケッチしたのが、親戚がいたベルギーブリュッセルに向けた特急列車の出発駅であるパリ北駅でした。これがターミナル（終着駅）スタイルの駅かと感慨深い思いに浸りながらスレンダーな鉄骨構造の駅舎をスケッチしたことを覚えております。同じパリ北駅の正面を向いのカフェに座って描いたのが3図のスケッチです。内部の軽快な鉄骨構造と外部の鈍重な様式建築の対比が面白いですね。

2. パリ北駅内部

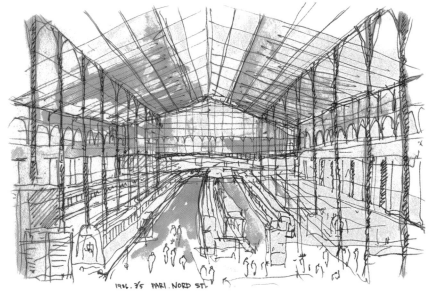

3. パリ北駅外観

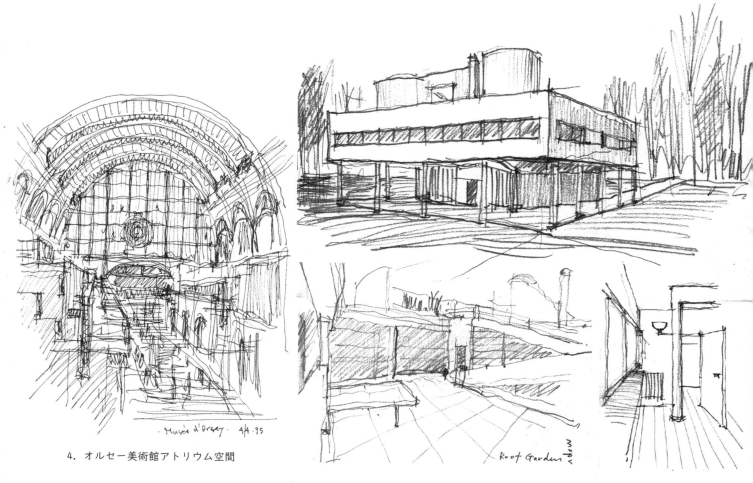

4. オルセー美術館アトリウム空間

6. サヴォア邸 外観と屋上庭園 窓と柱との関係性

5. ガルニエオペラ座ホワイエ大階段

2図と3図を除くパリと郊外の建築を描いたスケッチは、留学時代1994年、スクールトリップで訪れた際に描いたものでもので、この時初めてル・コルビュジエの作品を見ました。外観の単純さに比べると内部空間は豊かで、研究調査を含めてル・コルビュジエの作品をすべて見たいと思いました。パリ市内の中では、ル・コルビュジエの敵とも言えるガルニエのオペラ座の存在感は圧倒的で、その内部ホワイエは左右相称とはいえ夢中になって鉛筆で描きました。

7. ル・ランシー ノートルダム教会断面メモと内部空間

8図から16図までも留学の最後の年となった98年4月
に訪れた際に描いたもので、プラハでの研究資料の収集
が目的でしたが、ミースの代表作である世界遺産となっ
ている（当時は未指定）チューゲンハット邸がある工業
都市ブルーノの近代建築を見ることが本当の目的でし
た。と同時にチェコはビールが世界一の消費国だそうで、
カフェやレストランでの人々の様子や日常をスケッチし
ました。

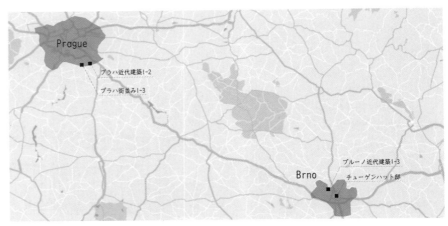

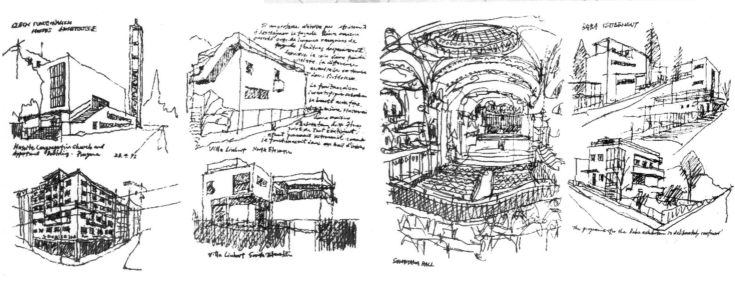

8. プラハ近代建築 I

11. プラハ近代建築 2

9. プラハ街並み 2

12. プラハ街並み 3

10. プラハ街並み 1

Pub. Pegas. Bier Hall + Restaurant
Primer Bier + Steak served Salad
two 150 c

Hotel Avion
designed by Bohuslav Fuchs

Casino. Restaurant

View from room up the Hotel

14. ブルーノ近代建築 1

Toplight

Centre Post office by Fuchs.

15. ブルーノ近代建築 2

inside. 1 First Floor

Tugendhat Haus   Brno.
North Elevation

26.1 98

13. プラハ街並み 4

29.4.98
Dinner   Onion Vinegar
          Red Pepper
          Pork Liver
          Zerottin
Rice   Sauerkraut
        Dumplings
        + Bier 032
Roast Smoked Pork Ham
Restaurant PIVNICE U PIVNICE

LUNCH 120 c
Prague → Dresden
Train 560 c
COFFEE. BER. 20 c
STAMPS.
POSTCARD) 200.
185 c

Four or Five Bier
Two Workers in front of me.

Prague → Dresden
30.4.98 Showers.
CZECH. GLASS. 700 c.
LUNCH + Etc. 200 c.

JAKUBSKA.

Terrace.
South
South Elevation

16. チューゲンハット邸

CONSTELLATION OF ARCHITECTURAL CULTURE

建築文化の星座

この建築文化史の年表は、哲学者のカントが新たな感嘆と畏敬の念を持って私たちの心を余すところなく満たす、私の上なる星を散りばめた空という比喩に習い、3000年という時空間に散りばめられた星＝建築を、文化的事象という星座に見立てて、第2講から第14講までのキーワードとスケッチワークショップで学生たちが描いた建築たちに番号を布置した建築文化の星座（Constellation of Architectural Culture）として表現しました。この建築星座は、西洋の二大文化であるヘブライズムとヘレニズムから始まり、渦巻き状に星雲としてつながりあるいは離れながら、私たちの頭上に輝いております。今見ている星は、実ははるか昔の姿であるように、建築もそれぞれの固有の時間を宿した存在であります。自分が見つけた建築がどの星座にあるのか探してみると建築文化の面白さに触れることができるでしょう。

1600

大航海時代

グローバル化

芸術としての建築

・L2-003　透視図法　・L2-004

・L3-003

1300

・L2-002

マニエリスム

ルネサンス　・L2-005

・L2-001

ヒューマニズム

・L2-006

・L2-007

反宗教改革

イスラーム

ペスト

宗教改革

500

技芸としての建築

スコラ哲学

・L10-004

ロマネスク

ゴシック

ビザンティン

AD

ローマ

・L5-005

・L9-001

・L5-004

・L5-001

ヘブライズム

・L5-002

ギリシア　ペルシア

・L5-003

ヘレニズム

AD

500

生命としての建築

AI

1950

1850

COVIT-19
パンデミック

L13-007

L13-005

L13-006　CIAM　モダニズム　L14-005

L13-002　L14-004　L14-003

L12-007　AA スクール　ポストモダニズム

L12-002　L13-004

L12-001　田園都市　バウハウス　L14-001　L14-006

L12-003　L12-006　L14-007

L12-005　L13-003　L14-002

L12-004　アーツ・アンド・クラフト　DOCOMOMO

ドイツ工作連盟

L11-005　L11-006

啓蒙主義　社会主義　L11-002　L11-007　L10-005

L11-001　L10-003　L10-006　L9-007

有機的建築　L10-002　L10-007　L9-006

市民革命　L3-001　L3-007　L11-003　L9-005

L7-004　L11-004　近代的建築家

L3-002　L7-001　L7-006　L10-001

L3-006　L7-005

L4-004　L3-005

ピクチャレスク　L3-004　アール・ヌーヴォー　L7-003　L7-007

L4-002　L4-007　L7-002

L4-003　フランス革命　新古典主義

L4-001

バロック　古典主義

L4-006　L13-001

L4-005

ゴシック・リバイバル

L6-007

L6-004

ロココ　ロマン主義　L6-006

L6-001　L6-002

L6-003

L6-005

社会主義革命　L5-007

L8-003

L8-004

科学革命　L8-001　L8-006

L8-005

印刷術　産業革命　L8-002

L8-007

L5-006

技術としての建築

鉄骨造　L9-002

鉄筋コンクリート造　L9-004

L9-003

1300　1600　1850

1950

あとがき

　ようやくこの本をめぐる長い旅が終わろうとしております。思い起こせば本当にいろんなことがあった中での誕生となります。2019 年末から突如始まったコロナ禍による家庭や職場における生活スタイルの一変は、誰も想像だにできず、有効な対策が立たない苛立ちやストレスの中、2020 年の東京オリンピック・パラリンピックや、私が関わっていた東京上野地区にある近代建築を会場として開催されることになっていた DOCOMOMO 国際会議も 1 年の延期を余儀なくされ、オリンピック・パラリンピックは無観客で、一方、国際会議は一部セレモニーを除き研究発表は、全てオンラインとなりました。このことは、人間と人間、人間と建築、建築と建築との関係が、感染症によって全く変わってしまうという現代社会の抱える問題を私たちに投げかけました。しかし、このような災禍は過去幾度も繰り返し起こっており、歴史上一番有名な 14 世紀、ヨーロッパを中心に猛威を振るったペストの後には、ルネサンスという人間復興が始まったように、人類はパンデミックとある意味共存しながら、進化していったことがわかります。

　そのような意味で、オンラインでの国際学術会議の開催という試みは、空間的、時間的な障壁や距離感あるいは接触という触覚的な感覚をなくした、人類の知的活動の公開に対する新しいあり方や可能性を示すことができた一方で、現地を実際に訪れ、建築や人間の行為に触れる（例えば握手をする）という身体的体験の機会が得られなかったという喪失感をもたらしました。このようなコロナ禍の活動をいい面も悪い面も経験することで、近年、CAD や AI によってその喪失に拍車がかかっている建築そして都市に対する私たちが有する触覚的な感覚や感性を、やはりもう一度取り戻す必要性を改めて感じたのは私だけでないはずです。

　一方、この本の構想は、私自身、東海大学でのこれまで 15 年に及ぶ教育や研究において、先に述べたような人間が有する身体的な感覚、すなわち手を動かしてスケッチすることの大切さを授業に取り入れることができればという思いが膨らんでくるなか、2010 年代からカリフォルニア、サンディエゴのニュースクール建築学校とアメリカ建築家協会（AIA）、生命科学研究所として有名であり、その研究所の建築の設計をルイス・カーンが行ったことでも知られるソーク生物学研究所が共同で設立した「建築のための神経科学学会（ANFA）」が、脳科学（ブレインサイエンス）、神経科学（ニューロサイエンス）、認知科学（コグニティブサイエンス）など、科学として人間の感覚や感性、感情と建築空間やデザインプロセスを結びつけようとしていることを知りました。この生命科学分野への知的好奇心は、薬化学・薬理学系の研究者であったにも関わらず、文学や歴史、芸術に対して幅広い知識と関心を有していた父や兄の影響があったかもしれません。いずれにせよ、これからの建築の進むべき道は神経建築学（ニューロアーキテクチャ）ではないかと直感しつつ、自らが行ってきた保存や再活用を含めた近代建築史研究の成果と新しい建築のあり方、すなわち理論と実践をなんとか結びつけたいという執念によって、この本は誕生したとも言えます。

　つまり、本の中で取り上げた建築家バーソルド・リュベトキンとの偶然かつ運命的な出会いから知的探求の歯車は回りだし、最初に語学研修で訪れたスコットランドのエディンバラで 19 世紀に始まった進化論の思想を都市の改良や調査に適用した、パトリック・ゲデスによる保存手法や理念の研究を行うことで、留学先の AA スクールでの建築教育や資格制度とイギリスからそれらの制度と教育内容を取り入れた日本の建築家たちを調べることにつながり、ジョ

ン・ラスキンやル・コルビュジエ、そしてジョサイア・コンドルらが残したスケッチへの感動が知的関心となっていきました。すなわち、この本は私自身の知的冒険のスケッチノートに他なりません。

　そして、この本は、東海大学の学生による献身的な働きなしには、誕生することはなかったと言えます。特に私の研究室に所属した大学院2年生であった笹川武秀さんは、4年生時のシュルレアレスムの芸術手法を取り入れた卒業設計から始まり、日本におけるシュルレアリスム芸術運動とモダニズム建築との影響を修士研究として行いながら、学部生を対象に行ったスケッチワークショップのデータをまとめ、各講の扉レイアウトや西方への旅、図版作成に協力してくれました。指導教員の他大学への移動により、大学院2年次から私の研究室の所属となった山田弦太郎さんは、卒業論文を発展させ、イスラーム建築に見られるムカルナス装飾をアルゴリズムを使って3次元的に分析するというユニークかつ精緻な修士研究を行いながら、そのデータ処理能力を遺憾なく発揮して、クラウド上に完璧な掲載図版リストを作って編集部とやりとりをし、図版作成及び年表に関するアイデアを出してくれました。卒研生であり、現在大学院生となった小山裕史さんには、第7講で取り上げたアール・ヌーヴォーにおけるヘッケルとルネ・ビネとの影響関係を詳細に調査し、卒業論文としてまとめながら、その成果の一部を本文中にも紹介すると同時に図版作成を行ってくれました。さらに小山さんは2人の大学院生が卒業した後、すべての編集及びレイアウト作業を受け継ぎ、多くの時間を割いてくれました。そのご褒美だったのでしょうか、小山さんの卒業論文は、建築学科内の優秀論文賞として選ばれ、続いて2021年度の日本建築学会優秀卒業論文賞を受賞することができました。このことは私にとって指導者冥利につきるのはいうまでもありませんが、2008年に出版した初めての著書『論文はデザインだ！』で取り上げた研究室に所属した学生による卒業論文も、その前年に同じ日本建築学会優秀論文賞を受賞しており、若い世代の研究成果と出版が関わり合えたということの方が喜びが大きく、建築と出版との不思議なつながりを感じさせてくれます。さらに、建築文化史という授業を受講し、スケッチワークショップに参加して熱心にスケッチを描いてくれた東海大学建築学科の学生のみなさんにも感謝いたします。

　そして、この本の意義を理解していただき、出版の機会を与えていただいた理工図書株式会社代表取締役の柴山斐呂子様をはじめ、編集を担当された社員の皆様に感謝いたします。付け加えるなら、理工図書は、学生時代に使っていた建築計画に関する教科書の出版社であり、たまたま最初の編集の方が東海大学出身であったという、奇跡的な人とのつながりを感じざるを得ません。

　最後に、いつもマイペースで仕事を続ける私を我慢強く見守ってくれている妻と二人の娘、そして90歳を越えても、福岡の実家を大切に守ってくれている母に尊敬の念とともに感謝いたします。

2021年10月
還暦の誕生月を迎え、新たな知的冒険の旅を夢見つつ

図版出典リスト

第1講

図1　新建築社編、別冊新建築 日本現代建築家シリーズ⑥芦原義信、1984（p.5）

図2　筆者撮影

図3　Ch. E. Jeanneret, Le Corbusier, Voyage d'Orient Carnets, 1987 cover

図4　ウィリ・ホジカー他編（吉阪隆正訳）、ル・コルビュジエ全作品集1910-1929 第1巻 ADA Edita Tokyo、1991（p.11）

図5　Edited by David Bindman, Karl Friedrich Schinkel, The English Journey, 1993 cover

図6　Edited by David Bindman, Karl Friedrich Schinkel, The English Journey, 1993（p.178）

図7　今和次郎、装飾様式演習1 西洋古代、1953 表紙

図8　今和次郎、装飾様式演習1 西洋古代、1953（p.32）

図9　ジョン・ラスキン（杉山真紀子訳）、建築の七燈、1997 表紙

図10　John Unrau, Looking at Architecture with Ruskin, 1978（p.20）

図11　筆者撮影

図12　筆者撮影

第2講

図1　メトロポリタン美術館 public domain, free

図2　サンタ・マリア・デレ・グラッツェ修道院蔵 public domain, free

図3　The accuracy of perspective drawing demonstrated in front of the Florentine Baptistery, © 2014, The American Institute of Architects. All rights reserved. Illustrated by Jim Anderson in Il Duomo: Brunelleschi, a Man of Many Talents（AIArchitect 15, 2008）, by Jim Atkins.

図4　辻茂、遠近法の誕生、朝日新聞社、1995（p.36）

図5　山本義隆、16 世紀文化革命1、みすず書房、2007（p.105）

図6　ジュリアン・ベル、（長谷川宏訳）、絵とはなにか、中央公論新社、2019（p.56）

図7　エルヴィン・パノフスキー（木田元他訳）、象徴形式としての遠近法、ちくま学芸文庫、2009（p.192）

第3講

図1　Brian Lukacher, Joseph Gandy An Architectural Visionary in Georgian England Thames and Hudson 2006（p.137）

図2　メトロポリタン美術館、public domain, free

図3　Brian Lukacher, Joseph Gandy An Architectural Visionary in Georgian England Thames and Hudson 2006（p.137）

図4　Brian Lukacher, Joseph Gandy An Architectural Visionary in Georgian England Thames and Hudson 2006（p.32）

図5　プラド美術館 public domain, free

図6　プラド美術館 public domain, free

図7　アンドレア・パラーディオ（桐敷真次郎訳）、パラーディオ「建築四書」注解、中央公論美術出版 1997 年（p.27）

図8　アンドレア・パラーディオ（桐敷真次郎訳）、パラーディオ「建築四書」注解、中央公論美術出版 1997 年（p.196, 223）

第4講

図1　SD 特集庭園 鹿島出版会 1984 年4 月号（p.18）

図2　渡邉研司他編、世界の建築・街並みガイド2 イギリス・アイルランド・北欧4 国、エクスナレッジ、2012（p.59）

図3　Panorama della Citta di Roma, Roma Ieri Oggi public domain, free

図4　Plan general de la ville, chateau, jardin et parc de Versailles public domain, free

図5　時代と地域の羅針盤　アカデミア世界史、浜島書店、2017（p.196）

図6　メトロポリタン美術館 public domain, free

図7　How Do You Landscape?（Royal Academy of Fine Arts, Stockholm）public domain, free

図8　https://www.asianprofile.wiki/wiki/Claude_glass

図9　Thomas Gainsborough-Man Holding a Claude Glass, Google Art Project, public domain, free

図10　ニコラス・ペヴズナー（友部直他訳）、英国美術の英国性、岩崎美術社、1981（図版96a）

第5講

図1　John Summerson David Watkin et. Sir John Soane（Architectural Monograph）, Wiley-Academy, 1991（p.64,65）

図2　John Summerson David Watkin et. Sir John Soane（Architectural Monograph）, Wiley-Academy, 1991（p.36, 37, 204）

図3　L'Architecture（Classic Reprint）, Princeton Architectural Press 1997（p.72）

図4　A.G. Bavmgarten, Aesthetica, reprinted 1750 cover

図5　Philosophical Enquiry Into the Sublime and Beautiful, Penguin Classics Penguin Classics cover

図6　An Essay on the Picturesque, as Compared with the Sublime and the Beautiful: And, on the Use of Studying Pictures, for the Purpose of Improving Real Landscape, Uvdale Price, 2014, cover

図7　Brian Lukacher, Joseph Gandy An Architectural Visionary in Georgian England Thames and Hudson 2006（p.163）

図8　Jonathan Scott, Piranesi, Academy Editions, 1975（p.139）

図9　Jonathan Scott, Piranesi, Academy Editions, 1975（p.211）

図10　Weathervane Books, New York

図11　RIBA F.R. Yervury Archives

図12　Weathervane Books, New York

第6講

図1　筆者撮影

図2　アーウィン・パノフスキー（前川道郎訳）、ゴシック建築とスコラ学、平凡社、1987 表紙

図3　ニコラス・ペヴスナー（吉田鋼市訳）、19 世紀の建築著述家たち、中央公論美術出版、2016（図版33）

図4　A.W.N. ピュージン（佐藤彰訳）、対比、中央公論美術出版、2017 中表紙

図5　A.W.N. ピュージン（佐藤彰訳）、対比、中央公論美術出版、2017（p.55）

図6　John Unrau, Looking at Architecture with Ruskin, Thames & Hudson, 1978（p.17）

図7　鈴木博之、建築の世紀末、晶文社、1977（p.219）

図8 Nicholas Pevsner, Pioneers of Modern Movement from William Morris to Walter Gropius, Peregrine Books, 1986 cover

第7講
図1 ヘッケル（小畠郁生監訳）、生物の驚異的な形、河出書房新社、2009（p.35）
図2 小林孝久、カール・ツァイス　創業・分断・統合の歴史、朝日新聞社、1991（p.59）
図3 ヘッケル（小畠郁生監訳）、生物の驚異的な形、河出書房新社、2009（p.135）
図4 佐藤恵子、ヘッケルと進化の夢　一元論、エコロジー、系統樹、工作舎、2016（p.57）
図5 佐藤恵子、ヘッケルと進化の夢　一元論、エコロジー、系統樹、工作舎、2016（p.155）
図6 Robert Proctor, Rene Binet, From Nature to Form, Prestel Pub. 2007（p.88）
図7 フィリップ・ボール（林大訳）、かたち　自然が創り出す美しいパターン1、早川書房、2016（p.80）

第8講
図1 時代と地域の羅針盤　アカデミア世界史、浜島書店、2017（p.9）
図2 詳説　日本史B 山川出版社、2016（p.304）
図3 筆者撮影
図4 Victoria & Albert Museum, The Great Exhibition of 1851 A Commemorative Album, H.M. Stationery, 1950（p.42）
図5 Victoria & Albert Museum, The Great Exhibition of 1851 A Commemorative Album, H.M. Stationery, 1950（p.46）
図6 Victoria & Albert Museum, The Great Exhibition of 1851 A Commemorative Album, H.M. Stationery, 1950（p.48）
図7 松村昌家、水晶宮物語　ロンドン万国博覧会1851、リブロポート、1986（図版45）
図8 Victoria & Albert Museum, The Great Exhibition of 1851 A Commemorative Album, H.M. Stationery, 1950（p.47）
図9 海野弘、レンズが撮らえた19世紀ヨーロッパ貴重写真に見る激動と創造の時代、山川出版社、2010（p.16）
図10 松村昌家、水晶宮物語　ロンドン万国博覧会1851、リブロポート、1986（図版92、93）

第9講
図1 John Allan, Berthold Lubetkin Architecture and the tradition of progress, Artifice Press, 2013 cover
図2 筆者撮影
図3 筆者撮影
図4 Peter Coa Malcolm Reading, Lubetkin and Tecton Architecture and social commitment, Arts Council of Great Britain & University of Bristol, 1981 cover
図5 John Allan, Berthold Lubetkin Architecture and the tradition of progress, Artifice Press, 2013 cover
図6 ピーター・ジョーンズ（渡邉研司訳）、オーヴ・アラップ 20世紀のマスタービルダー、東海大学出版部、2017（p. 23）
図7 ピーター・ジョーンズ（渡邉研司訳）、オーヴ・アラップ

20世紀のマスタービルダー、東海大学出版部、2017 表紙
図8 Bill Addis, Building: 3000 Years of Design, Engineering and Construction, Phaidon Press, 2007（p.424）
図9 Bill Addis, Building: 3000 Years of Design, Engineering and Construction, Phaidon Press, 2007（p.430）
図10 Andrew Saint, Architect and Engineer, A Study in Sibling Rivalry, Yale University Press, 2007（p.410）
図11 ピーター・ジョーンズ（渡邉研司訳）、オーヴ・アラップ 20世紀のマスタービルダー、東海大学出版部、2017（p. 25）
図12 John Allan, Berthold Lubetkin Architecture and the tradition of progress, Artifice Press ,2013（p.208-212, 594）

第10講
図1 ウィリ・ボジカー他編（吉阪隆正訳）、ル・コルビュジエ全作品集1910-25　第1巻 ADA Edita Tokyo,1991（p.115）
図2 Eric Mumford, The CIAM Discourse on Urbanism 1928-1960, MIT Press, 2002（p.16）
図3 Martin Stainmann, CIAM Dokumente 1928-1939, Birkhauser, 1979（p.131）
図4 L'Esprit Nouveau, No.1　表紙 東海大学所蔵
図5 Le Corbusier-Saugnier, Vers Une Architecture, Les Editions G. Cres et Cie, Paris, 1923 cover
図6 ル・コルビュジエーソーニエ（樋口清訳）、建築へ、中央公論美術出版、2003 表紙
図7 John Allan, Berthold Lubetkin Architecture and the tradition of progress, Artifice Press ,2013（p.211）
図8 エドワード・ブローン（浦雅春他訳）、メイエルホリド演劇の革命、水声社、2008（p.311）
図9 Peter Coa Malcolm Reading, Lubetkin and Tecton Architecture and social commitment, Arts Council of Great Britain & University of Bristol, 1981（p.99）
図10 ウィリ・ボジカー他編（吉阪隆正訳）、ル・コルビュジエ全作品集1910-25　第1巻 ADA Edita Tokyo, 1991（p.91）
図11 Peter Coa Malcolm Reading, Lubetkin and Tecton Architecture and social commitment, Arts Council of Great Britain & University of Bristol, 1981（p.106）
図12 John Allan, Berthold Lubetkin Architecture and the tradition of progress, Artifice Press ,2013（p.77）
図13 John Allan, Berthold Lubetkin Architecture and the tradition of progress, Artifice Press ,2013（p.253）
図14 Peter Coa Malcolm Reading, Lubetkin and Tecton Architecture and social commitment, Arts Council of Great Britain & University of Bristol, 1981（p.120）
図15 Le Corbusier, The Vertical Garden City, The Architectural Review Vol.79, 1936,（p.9）

第11講
図1 マルク・アントワーヌ・ロージェ（三宅理一訳）、建築試論、中央公論美術出版、1986（p.3）
図2 Architectural Theory from the Renaissance to the Present 89 Essays on 117 Treatieses, Taschen, 2003（p.447）
図3 オルギヴァンナ・ライト（遠藤楽訳）、ライトの生涯、彰国社、

Museo di
Castelvecchio
2006. 2 16

索　引

経歴

渡邉 研司　東海大学教授　博士（工学）AA Graduate Diploma

1961年福岡市生まれ。1985年日本大学理工学部建築学科卒業。1987年同大学院理工学研究科修士課程修了後（優秀修士論文駿建賞）、芦原建築設計研究所勤務。1990年一級建築士資格取得。設計担当：千曲市更埴文化会館、住友不動産猿楽町ビル、岩波書店一ツ橋ビル他。

1993年から98年までロンドンにあるAAスクール大学院建築歴史・理論研究コースに留学。1996年から98年まで文化庁在外派遣研修奨学生としてイギリス、ヨーロッパの近代建築の保存と再生を研究し、DOCOMOMOの活動に参加。1998年帰国後、DOCOMOMO Japanの設立に関わる。2000年にイギリス近代建築運動におけるMARSグループの活動に関する史的研究で東京大学から博士（工学）授与。

1999年から2004年まで一級建築士事務所 連健夫建築研究室に勤務。設計担当：はくおう幼稚園、ルーテル学院大学トリニティホール他。2005年から東海大学工学部建築学科助教授、2011年から同教授。2019年から一般社団法人DOCOMOMO Japan代表理事。

著書：『論文はデザインだ！』（彰国社2008）同ハングル版（2012）『ロンドン都市と建築の歴史』（河出書房新社2009）共著：『DOCOMOMO選 モダニズム建築100＋α』（河出書房新社2006）『建築系のためのまちづくり入門』（学芸出版社2021）訳書：『20世紀のマスタービルダー　オーヴ・アラップ』（東海大学出版部2017）『世界の廃墟・遺跡60（東京書籍2017）。

スケッチで学ぶ建築文化史
透視図から近現代建築の保存再生まで

2022年2月23日　初版第1刷発行

編著者　渡　邉　研　司

発行者　柴　山　斐呂子

発 行 所　**理工図書株式会社**

〒102-0082　東京都千代田区一番町27-2
電話03（3230）0221（代表）
FAX03（3262）8247
振替口座　00180-3-36087番
http://www.rikohtosho.co.jp

© 渡邉研司　2022　Printed in Japan　ISBN978-4-8446-0911-7
印刷・製本　丸井工文社

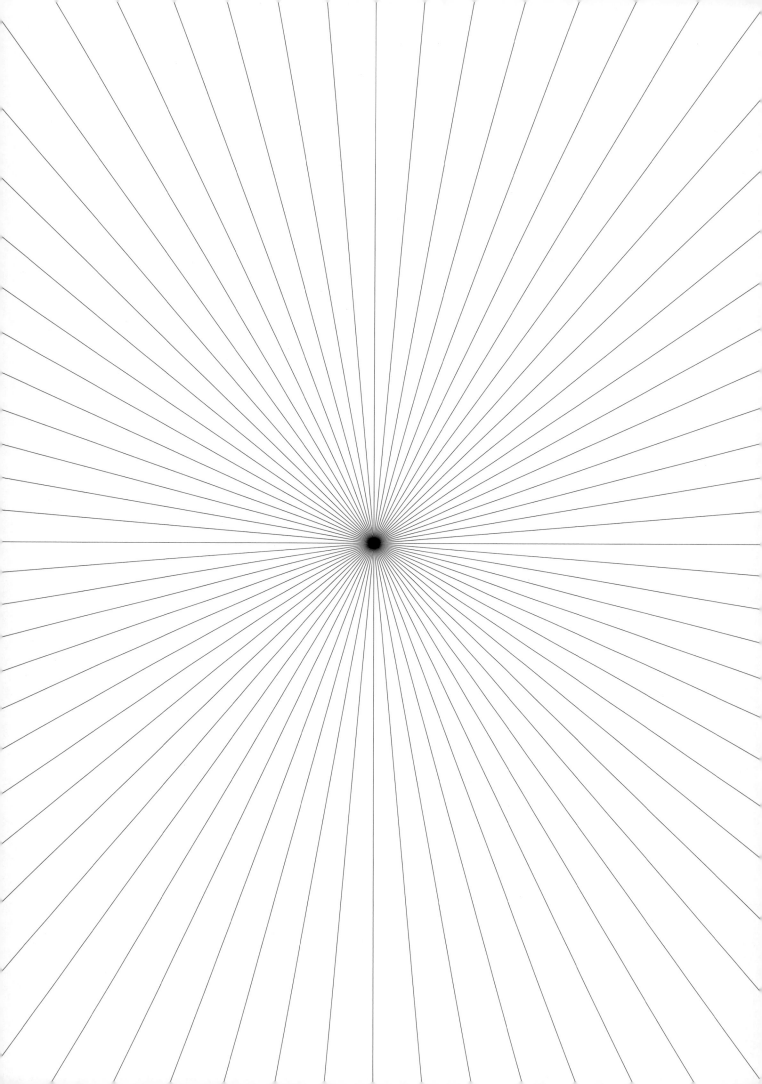

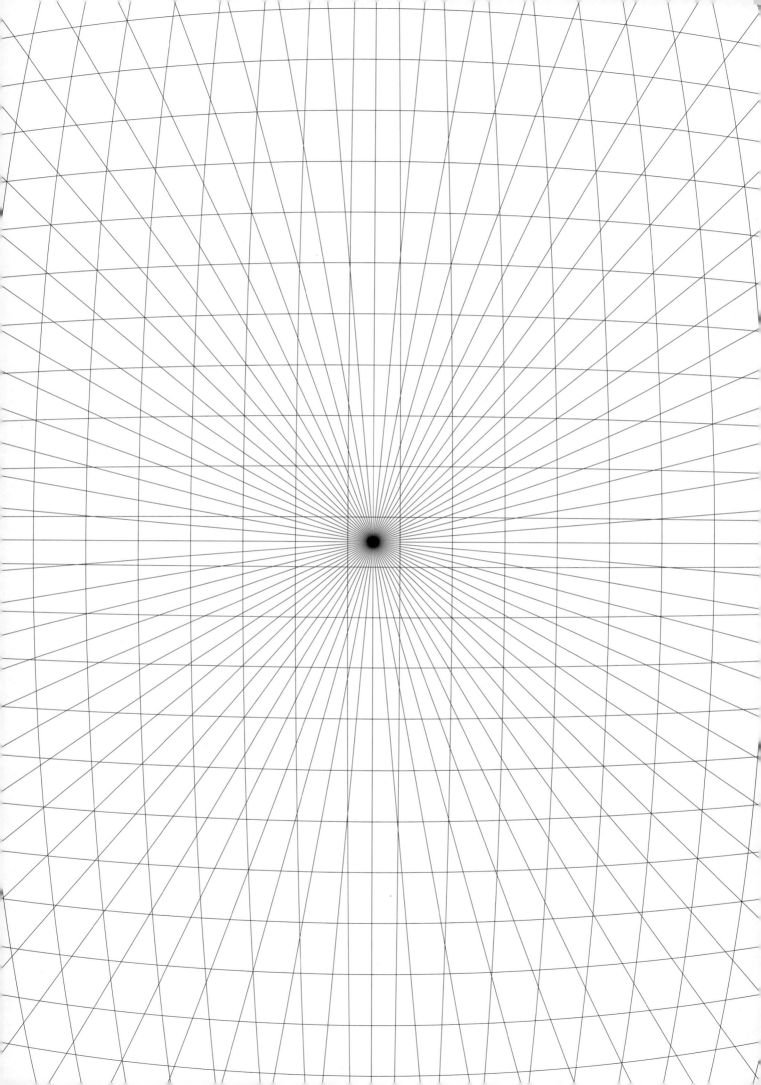